보들보들 터프팅 클래스

보들보들 터프팅 클래스

어피스오브애플 권예지 지음

키링부터 미니러그까지 펀치니들로 연출하는 마음에 위안을 주는 반려소품 28

북센스

터프팅을
시작하기 전에

따뜻한 소품
터프팅을 소개합니다

안녕하세요. 'a peace of apple'이라는 이름으로, 터프팅 기법을 기반으로 하는 다양한 생활 소품을 만들고 있는 권예지입니다.

최근 터프팅 작업에 대한 관심이 점점 높아지고 있고, 관련한 강의도 많아지고 있습니다. 사실 터프팅 기법은 공방이 아닌 집에서 개인이 즐기기에는 소음이나 비용 등의 문제 때문에 어려움이 있지요. 그래서 그런 어려움을 겪는 많은 분들을 위해 터프팅건 없이 펀치니들로 집에서 터프팅 질감을 경험하고 재현할 수 있는 펀치니들 책을 만들게 되었답니다.

그렇다면 계속 말하고 있는 '터프팅'과 '펀치니들'은 과연 무엇일까요? 궁금증을 자아내는 생소한 단어라고 생각할 수 있어요.

터프팅과 펀치니들이 무엇인지 그리고 펀치니들로도 터프팅건으로 작업한 것과 같은 결과물을 얻을 수 있을지, 그 모든 궁금증을 이 책에서 보여드릴 예정이에요. 터프팅에 관심이 있는 여러분이 잘 활용할 수 있는 책이 아닐까 싶습니다.

이 책에서는 정형화된 형태보다는 비정형적인 형태의 도안을 손이 가는 대로 그려보기도 하고, 기본 도형을 응용한 도안의 작업물을 경험해볼 수 있게 구성했어요.

또, 가는 실로 섬세한 표현을 하는 펀치니들보다는 기본 기법을 이용해 굵은 실과 굵은 니들로 복슬복슬하고 풍성한 느낌의 터프팅 기법(커트파일)으로 질감 처리를 해 따뜻한 느낌을 주는 소품들을 만들어볼 거예요.

기법을 활용하는 방법에는 작업자마다 노하우와 방법의 차이가 있어 '이게 정답이다!' 하는 것은 없습니다. 이 책에서는 그저 제가 작업하는 방법을 알려드리는 것이기 때문에 독자분들도 이 책에 갇히지 말고 조금 더 열린 마음으로 터프팅 기법을 배워 나가면서 본인에게 맞고 편한 방법을 찾아, 내 것으로 만드는 시간이 되었으면 좋겠습니다.

contents

제3장 펀치니들 실전편

제1장

펀치니들 VS 터프팅

1

펀치니들 & 터프팅

자수의 한 종류인 **펀치니들**은 성근 원단의 조직 틈 사이에 전용 니들로 실고리를 끼워넣어 끼워진 파일(실고리)들끼리 고정되는 방식의 자수 기법입니다.

터프팅(Tufting)의 단어적인 의미는 테슬과 같은 술 장식을 만드는 것을 뜻합니다. 우리가 흔히 터프팅이라 부르는 공예 기법은 일반적으로 카펫이나 러그 등에 쓰이는 기법입니다. '터프팅건'이라는 총 모양의 기계를 이용해 원단 조직 사이에 실다발을 쏘아 틈 사이에 끼워진 실고리들끼리 고정되는 기법을 말합니다.

펀치니들과 터프팅은 기법의 도구와 쓰임새에 차이가 있을 수 있지만, 기본적으로 두 기법은 같은 원리입니다. 만약 섬세한 작품을 만들고 싶다면 가는 실과 가는 니들을 이용해 작업하면 되고, 보다 큰 작업을 빠른 속도로 작업하고 싶다면 터프팅건을 사용하면 됩니다. 이 책에서는 섬세하고 정교한 펀치니들 작품보다는 굵은 실과 굵은 니들로 터프팅건으로 작업한 듯한 효과를 낼 수 있는 펀치니들 작품들을 만들어보려고 합니다. 이제 준비물부터 차근차근 알아보겠습니다.

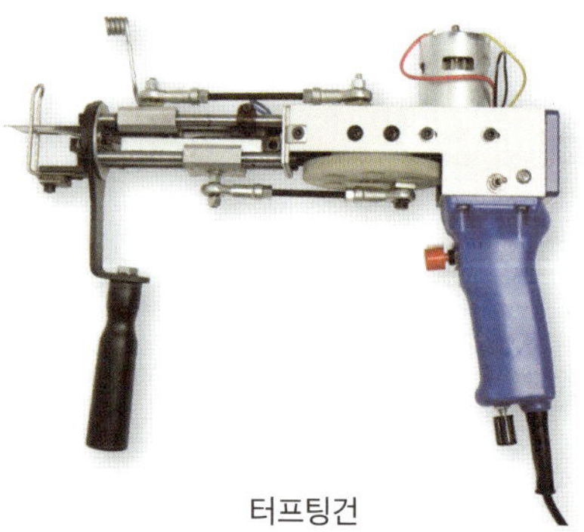

터프팅건

펀치니들과 굵은 실

① 원형 수틀
③ 클립형 수틀
② 그리퍼 수틀
⑦ 절개형 니들
⑥ 원통형 니들
④ 황마 원단
⑤ 몽스 원단

2
펀치니들 도구와 재료

펀치니들로 작품을 만들기 위해서는 가장 기본적으로 수틀과 원단, 펀치니들용 니들(바늘), 실이 필요합니다. 어떤 준비물이 필요할지 기본적인 도구와 재료, 그밖에 필요한 준비물을 알아봅니다.

수틀: 원형 수틀, 그리퍼 수틀, 클립형 수틀

① **원형 수틀**: 가장 기본적인 수틀로 안쪽 프레임과 바깥 프레임 사이에 원단을 끼워 넣고 나사를 조여 원단을 고정하는 방식의 수틀이다. 틀을 옮겨 가며 작업할 수 있다는 장점이 있지만, 다른 자수에 비해 펀치니들은 펀칭을 할 때 원단에 힘을 많이 받기 때문에 수틀에서 원단이 잘 분리될 수 있다. 원형 수틀을 사용할 때에는 틀의 두께가 깊은 것을 고르는 것이 좋다.

② **그리퍼 수틀**: 틀의 프레임 가장자리에 바늘 같은 돌기들이 빽빽하게 돋아 있어 원단을 안정적으로 쉽게 고정할 수 있지만, 다른 수틀에 비해 가격대가 비싼 편이다. 크기도 커서 가정에서보다는 전문적으로 터프팅을 하는 작업자들이 주로 사용한다.

③ **클립형 수틀**: 플라스틱 스틱을 홈에 맞게 조립해 원단을 올려놓고 스틱에 맞는 클립을 끼워 원단을 고정하는 방식이다. 이 책에서는 주로 클립형 수틀을 사용한다.

원단: 황마 원단, 몽스 원단

④ **황마 원단**: 원단의 조직이 성글어 굵은 실 작업을 할 때 적합하다. 올이 잘 풀리고 원단 복원력이 좋은 편은 아니라서 초보자들이 작업할 경우 펀칭 후에 원단에서 실이 잘 풀릴 수 있다.(가격이 저렴하다)

⑤ **몽스 원단**: 펀치니들 작업을 할 때 대부분 몽스 원단을 사용하는데, 황마 원단보다 가격대가 비싸지만 사용감도 부드럽고 먼지가 덜 날리고, 펀칭 시 원단 복원력이 좋아 초보자들이 쓰기에도 좋다.

펀치니들용 니들

- 실을 끼우는 방식에 따라 원통형 니들과 절개형 니들이 있다.

⑥ **원통형 니들**: 실 끼우개를 이용해 실을 니들의 뒷부분에서 앞코까지 나오게 꿰는 니들이다.

⑦ **절개형 니들**: 니들의 바디 부분에 실이 통과 할 수 있는 절개가 있어, 그 절개에 실을 끼워 니들 앞코에

⑬
제일모직
헤라울사
Hera Wool
제일모직
바비울사
BARBIE
WOOL
㉓
기화성 수성펜, 연필
77
강력
스프레이접착제
자수사전용
㉔
3M 77강력스프레이
⑭
펠트지
백킹천
⑮
롤러
㉒
마스킹 테이프
우레탄헤라
⑯
라텍스 고무액
⑱
커브날개가위
⑲
커브가위
⑰
원단 전용 패치워크가위
⑳
자수실
㉑
바늘

실을 꿰는 니들이다.

- 바늘의 길이에 따라 굵은 실 니들과 가는 실 니들이 있다.

⑧ **굵은 실 니들**: 니들의 굵기는 실의 굵기를 의미하는데, 굵은 니들은 굵은 실로 큼지막한 느낌의 이미지를 표현할 때 사용한다.

⑨ **가는 실 니들**: 가는 니들은 가는 실로 작은 디테일을 표현할 때 사용한다.

- 니들의 길이에 따라 파일(실고리)의 높이가 달라진다.

⑩ **긴 니들**: 긴 파일을 만들 수 있다.

⑪ **짧은 니들**: 짧은 파일을 만들 수 있다.

> *니들의 호수가 커질수록 더 긴 파일을 만들 수 있다.
> 예) 굵은 실용 13호(굵고 긴 파일), 가는 실용 3호(가늘고 짧은 파일)
> *책에서는 터프팅 느낌을 재현하기 위해 굵고 긴 니들이 사용하기 편리하므로 skc 굵은 실용 단계 조절 니들을 사용한다.

실

⑫ **굵은 니들용 실**: 3~5mm의 실이 적합하지만, 터프팅 기법의 풍성한 느낌을 위해서는 2mm의 실을 2합(두 가닥을 한 가닥처럼)으로 사용한다.

⑬ **울 혼방사**: 니들에서 잘 풀리고 미끄러져 나갈 수 있는 실을 택하는 것이 좋다. 면사는 뻣뻣하여 자연스러운 동작으로 연속적인 펀칭이 힘들어 잘 사용하지 않고, 울 100%의 함유량의 울사는 보풀이 많아 실이 실 엉키고 니들에서 실 뽑아서 나오지 않을 수 있기 때문에 울 100%보다는 아크릴이 함유된 울 혼방사를 쓰는 것을 추천한다.

> ***책에서 주로 사용하는 실**
> 제일모직 헤라울사와 바비울사를 사용한다. 울 85%와 아크릴 15%의 혼방사로 촉감이나 컬러의 선명함이 좋아 자주 사용하는 실이다. 두 종류의 실 이외에도 여러 가지 실을 경험하며 자신과 맞는 실을 찾아보는 것도 좋다.

그 외 마감할 때 쓰이는 재료들과 부재료들

⑭ **펠트지 혹은 백킹천**: 마감 시 뒷면에 덧댈 원단

> *이 책에서는 주로 펠트지를 사용한다.

⑮ **우레탄헤라 혹은 롤러**: 본딩 작업 시 라텍스 고무액을 바르기 위해 필요하다.

⑯ **라텍스 고무액**: 본딩 작업 시 필요하다.

⑰ **원단 전용 패치워크가위**: 원단을 재단할 때 사용, 루프 파일을 커트 파일로 끊어 낼 때 사용한다.

⑱ **커브날개가위**: 펀치니들 마지막 단계에서 질감을 정리할 때 사용한다.

⑲ **커브가위**: 펀치니들 마지막 단계에서 디테일한 정리를 할 때 사용한다.

⑳ **자수실**: 작품을 마감할 때 사용한다.

㉑ **바늘**: 작품 마감할 때 자수실을 끼워서 사용한다.

㉒ **마스킹 테이프**: 원단의 올풀림을 방지하기 위해서 사용한다.

㉓ **기화성 수성펜**: 도안 그릴 때, 도안본 그릴 때 사용한다.

㉔ **스프레이 본드**(3M 77강력스프레이): 거울 부착 시 사용한다.

*77강력스프레이 중 자수시장용으로 나온 제품이 좀 더 접착력이 좋다.

3
펀치니들 도구 세팅 방법

수틀에 원단 씌우기

준비물: 수틀(클립형 수틀), 몽스 원단, 가위, 마스킹 테이프

① 원단은 틀 크기보다 넉넉한 사이즈로 잘라 준비(사방 여유분 각각 5cm)하고, 원단 테두리에 마스킹 테이프를 붙인다.

② 몽스 원단은 올이 잘 풀리기 때문에 원단 풀리는 쪽을 따라 4면에 올 풀림 방지를 위해 마스킹 테이프를 붙이는 것이 좋다.

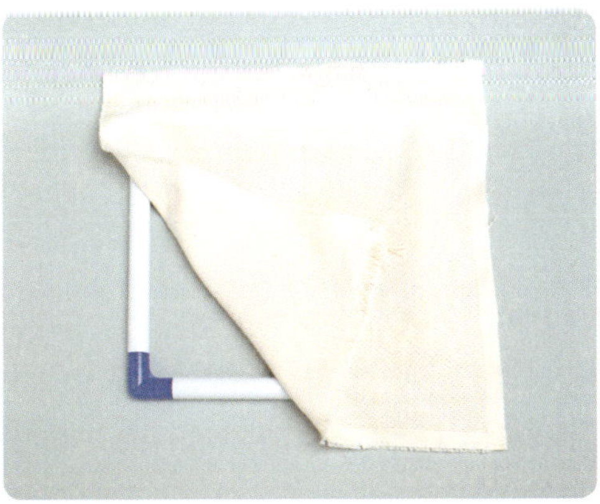

③ ②의 올 풀림 방지를 한 원단을 수틀 위에 올려놓는다.

④ 올려놓은 원단을 수틀의 클립으로 고정시킨다.
*이때 클립은 안쪽을 바라보게 끼워준다.

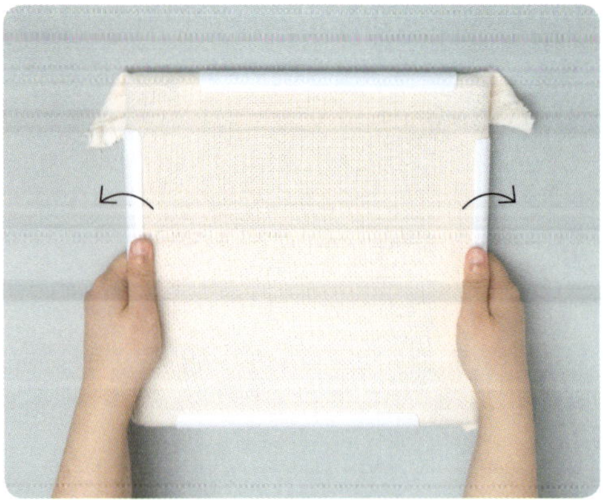

⑤ ④의 수틀의 클립을 바깥쪽으로 돌리며 원단의 장력을 팽팽하게 만들어준다.

⑥ 수틀에 원단 씌우기 완성

*원단이 팽팽해야 펀칭하기에 좋다.

실 준비하기

① 실은 두 타래를 준비하는 데, 실 한 타래를 두 타래로 나누어도 된다.

*책에서는 더 촘촘하고 풍성한 느낌의 터프팅 질감을 위해 니들에 실 두 가닥을 합사하여 작업한다.

② 실타래의 안쪽 부분에서 실의 첫 시작 부분을 찾아 니들에 꿰어준다.

*실타래의 바깥쪽 부분의 실을 꿸 경우에는 펀칭할 때 실타래가 굴러다녀 실이 원단에서 빠지기 쉽다.

니들에 실 끼우기

- 원통형 니들에 실 끼우기(실 끼우개 사용)

실 끼우개가 빙빙 돌아가는 [illegible] 실이 잘 꼬일 수 있으므로 주의한다.

① 실은 두 가닥으로 준비한다.

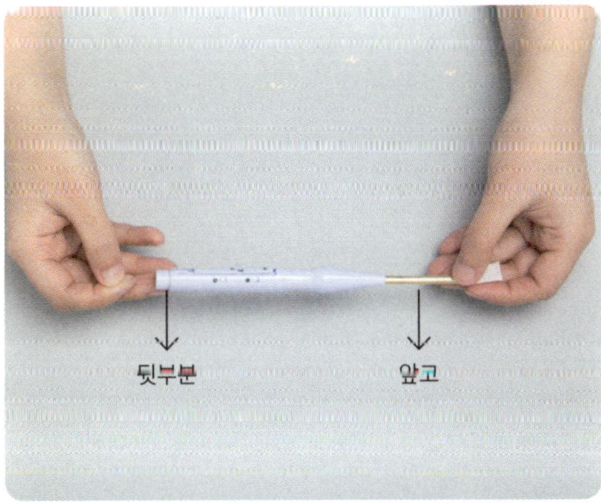

② 실 끼우개의 끝부분을 니들의 앞코 구멍부터 통과시켜 니들 몸통의 뒷부분까지 쭉 통과시켜준다.

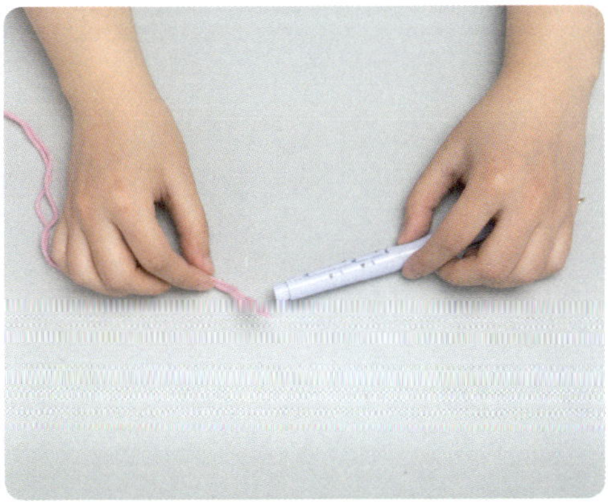

③ ②의 실 끼우개 철사 끝부분을 벌려 준비한 실 두 가닥을 넣어 걸어준 뒤 실 끼우개를 앞으로 쭉 당겨 니들 앞코에 실을 끼운다.

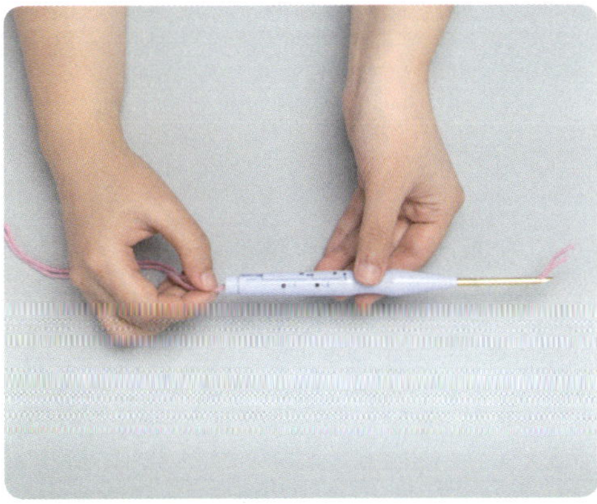

④ 실을 끼워 넣은 다음에는 니들 앞쪽으로 1cm 정도 실이 나오게 조정해주고, 니들 뒷부분의 실을 충분히 풀어준다.

*이 책에서는 주로 원통형 니들(skc 단계 조절 니들 사용)을 사용하는데, 니들의 길이는 B단계에 맞춰 펀칭하면 된다. 절개형 니들을 사용할 때는 따로 맞출 필요가 없다.

• 절개형 니들에 실 끼우기

① 실은 두 가닥으로 준비한다.

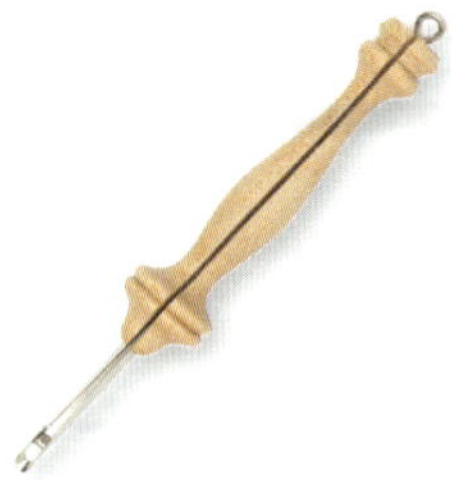

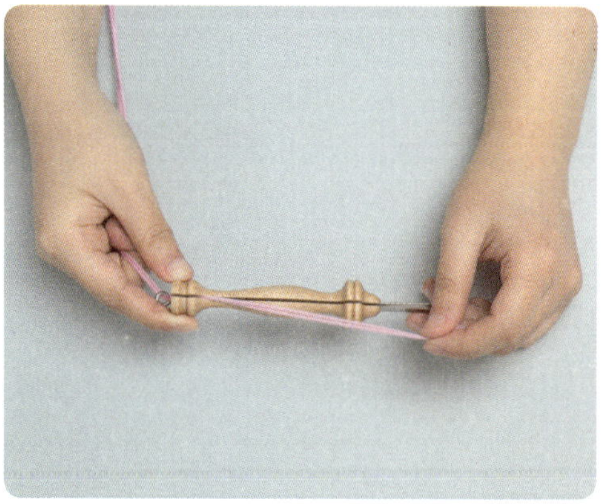

② 니들의 절개 부분이 하늘을 바라보게 놓고 니들 몸통에 있는 절개 틈으로 실을 끼워 니들 구멍에 실을 끼워 넣는다.

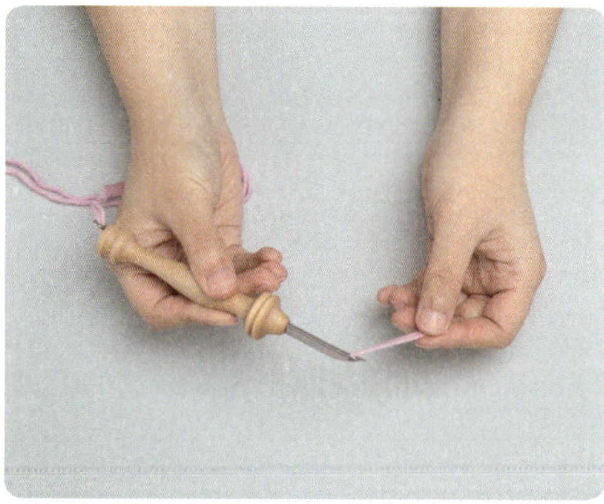

③ 절개형 니들도 원통형 니들처럼 실을 끼워 넣은 다음 니들 앞쪽으로 실이 1cm 정도 나오게 조정한다.
*니들 뒷부분의 실은 충분히 풀어준다.

실 끼우개가 없을 때: 낚싯줄을 이용해 간단하게 실 끼우개를 만들 수 있다.

낚싯줄로 실 끼우개 만드는 방법

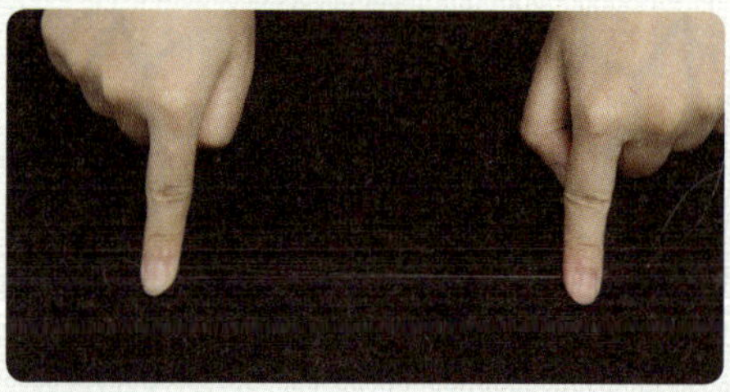

① 낚싯줄을 길게 잘라 반으로 접는다.

② 접힌 부분에서 1cm 떨어진 곳을 매듭을 지어 실 끼우개 사용법처럼 매듭 부분이 니들 몸통의 뒷 부분으로 가게 해서 사용하면 된다.

도안 그리기

도안은 그릴 때는 나에게 가장 쉬운 방법으로 작업하면 됩니다. 단, 도안이 좌우 반전이 되지 않도록 주의합니다.

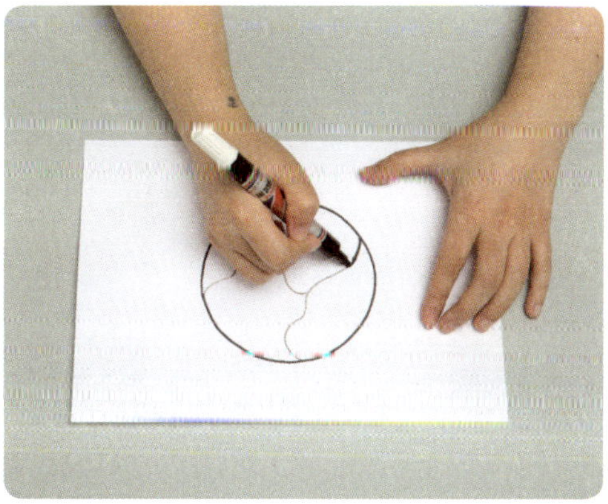

① 실제 작품 사이즈의 크기로 종이에 연필로 스케치 후, 매직을 이용해 도안을 완성한다.

② ①의 도안을 가위로 오린 후, 펀칭할 원단 위에 도안을 올려놓고 기화성 수성펜으로 도안의 바깥선을 그린다.

③ 펀칭할 원단 위에 도안본을 뒤집어 대고, 마스킹 테이프로 도안을 붙인다.(도안의 안쪽 부분의 그림을 옮기기 위한 작업이다.)

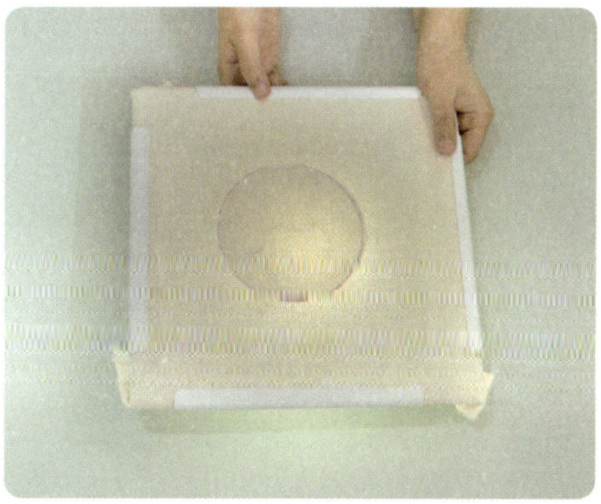

④ 창문으로 들어오는 햇빛이나 핸드폰 플래시 빛을 이용해 ③의 도안을 원단에 옮겨 그린다.

*원단에 도안을 대고 그릴 때에는 물에 지워지는 기화성 수성펜으로 그린다. 마카나 연필을 사용하면, 펀칭할 때 실에 마카나 연필이 묻어날 수가 있으므로 가급적 연하게 스케치를 하거나 옅은 컬러의 마카를 이용하는 것이 좋다.

제2장

펀치니들 기초편

1
편치니들의 펀칭 방법

편치니들의 원리는 원단의 조직들 사이의 틈에 실을 끼워 넣는 기법입니다.
원단의 사이를 채워서 작품을 완성해보세요.

펀칭하기

① 두 가닥의 실을 끼운 니들과 도안을 그린 원단을 준비한다.

② 준비한 원단의 조직들이 벌어진 작은 틈에 ①의 니들을 끼운다.

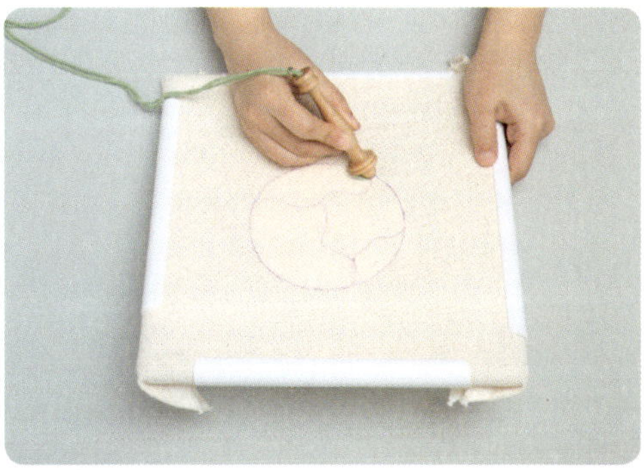

③ 니들은 연필 잡듯이 잡고 원단 조직 틈 사이로 니들을 천천히 깊게 푹 꽂아준다. 이때 니들의 방향은 항상 실을 끼운 부분이 하늘을 바라보게 잡아준다.(절개형 니들은 절개 부분이 하늘을 보게 잡고 펀칭한다.)

④ ③의 원단에 끼웠던 니들을 빼낸다. 이때 니들 끝이 원단 표면에서 떨어지지 않게 주의하면서 뺀다.

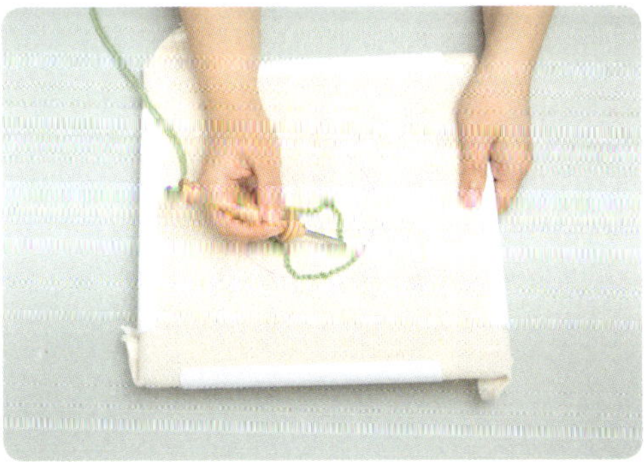

⑤ 원단 조직의 틈을 칸으로 볼 때, 3칸 간격으로 실을 끼워주면 된다. 이 책에서는 실을 두 가닥으로 굵게 쓰고 있어 간격을 좀 주는 것이 좋다.

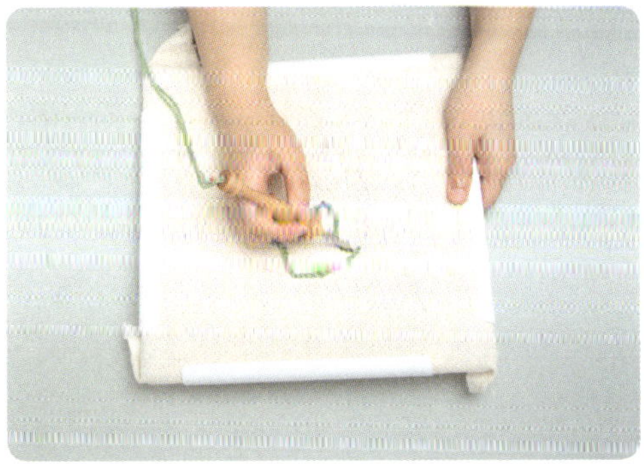

⑥ 옆으로 칸을 이동하며 연속적으로 펀칭한다. 이동할 때에는 니들이 원단 표면에 슬라이딩 하듯이 끌며 펀칭한다.(펀칭할 때는 밑그림의 바깥 라인을 먼저 해주고, 라인이 펀칭되면 면을 채운다.)

뒷면의 루프(고리)를 찾으세요!

펀치니들의 펀칭 방법만 잘 따라 하면 쉽고 간단하게 예쁜 자수 작품을 만들 수 있습니다. 그렇지만 꼭 확인할 것이 있는데요. 사진에서처럼 뒷면에 루프(고리)가 생기는지 확인하면서 펀칭을 해야 하는 것입니다. 루프가 잘 만들어지고 있다면, 이제 펀칭 기법이 손에 익도록 연습하기만 하면 됩니다.

2
펀치니들의 기법

펀치니들로 작업을 마치고 나면 앞면과 뒷면에 완성물이 나타나게 됩니다. 이때 앞뒤로 완성물의 기법이 다르게 나타나는데요. 앞뒤에 연출된 기법의 특색에 따라 사용하면 되므로 가릴 것 없이 모두 사용이 가능합니다. 펀치니들은 어떤 기법의 완성물로 사용하는지에 따라 다양한 작품이 연출되기도 합니다. 이 책에는 펀치니들 기법으로 플랫 스티치, 루프 스티치, 커트 스티치(커트 파일)의 세 가지만 살펴보겠습니다.

사실 이 세 기법은 모두 다른 결과물을 보여주어 다른 방법이 아닐까 걱정하지만, 이 모든 것이 단 한 가지 방법으로 연출된다는 점이 매력적입니다. 그럼 이 세 가지 기법에 대해 좀 더 자세히 살펴보도록 하겠습니다. 우선 '플랫 스티치'는 펀칭할 때 작업을 하는 앞쪽 면의 스티치입니다. 이 플랫 스티치가 만들어진 뒷면의 고리 부분이 '루프 스티치(루프 파일)'가 됩니다. 이 루프 스티치를 가위로 커트한 것이 바로 '커트 스티치(터프트 스티치)'입니다. 이 세 가지 기법이 모두 하나의 방법으로 연출된다니 놀랍지 않나요.

플랫 스티치

플랫 스티치를 완성물로 사용할 거라면 원단 바닥이 보이지 않게 결을 맞춰서 빽빽하게 펀칭 작업을 하는 것이 좋습니다. 스티치 중간중간 원단 바닥이 보이게 되면 작품의 완성도가 떨어져 보이거든요.

루프 스티치

루프 스티치(루프 파일)는 니들의 길이에 따라 파일의 길이가 달라집니다. 여기서 말하는 파일은 고리 형태를 말합니다. 긴 니들을 사용할수록 긴 파일을 만들 수 있습니다.

루프 스티치로 된 면을 완성물로 사용하려면 펀칭 작업을 할 때 수틀의 앞뒤 면을 수시로 확인하며 파일의 높이를 맞춰주는 것이 중요합니다. 또한 루프 스티치의 경우 플랫 스티치보다 질감과 부피가 커지므로 결과물이 도안보다 커지게 되는 것을 반드시 생각하고 도안 크기를 정하는 것이 좋습니다.

커트 스티치

커트 스티치는 루프 스티치의 루프(고리)를 가위로 잘라주는 기법입니다. 루프 파일을 자를 때는 앞이 뾰족한 패치워크가위나 커브가위 등으로 잘라 질감 처리를 해주는 것이 좋습니다.

*터프팅건은 루프 파일용 건과 커트 파일용 건이 있지만, 책에서는 펀치니들로 커트 파일 질감 표현을 위주로 작업합니다.

커트 파일을 활용해 터프팅 질감을 표현하기

커트 파일의 질감을 더욱 극대화하기 위해 두 가닥의 실로 작품을 만들어보세요.

① 세팅된 원단에 두 가닥의 실을 끼운 니들로 펀칭한다.

② 뒷면의 루프 스티치(루프 파일)를 패치워크가위로 고리를 모두 잘라낸다.

③ 파일의 높이가 잘 맞으면 완성도 있는 보들보들한 느낌이 연출된다.

본딩하기

펀칭을 모두 마쳐 도안이 채워졌다면, 라텍스 고무액을 이용해 본딩으로 마무리하는 방법을 배워보겠습니다. 이 마무리 작업은 원단에 고무막을 씌워 실이 뽑히지 않게 해주는 과정입니다. 힘들여 만든 작품을 오래 간직하고 싶다면 꼭 해야 하는 작업입니다.

① 준비한 라텍스 고무액을 플라스틱컵에 따른다. 이때, 반드시 마스크를 쓰고 작업한다.

② ①의 고무액을 펀칭을 완료한 작품의 뒷면에 조금씩 부어준다.

③ ②의 고무액을 롤러나 우레탄헤라를 이용해 작품 전체에 펴 발라준다. 이때 가장자리부분부터 펴 발라주는 것이 좋다.

④ 라텍스 고무액이 스며들어서 실의 컬러가 변할 정도로 펴 바르고, 헤라를 이용해 본드를 평평하게 펴 바른다.

*라텍스 고무액을 많이 바르면 작품의 앞면에 배어 나올 수 있으며, 마무리 바느질할 때 힘이 들 수 있으므로 두꺼워지지 않게 주의한다.

⑤ ④의 작업물을 1~2분 정도 두고, 고무액이 살짝 꾸덕해지면 준비해둔 펠트지를 고무액을 바른 부분에 붙인다.

*시간차를 두지 않고 바로 붙일 경우 펠트지에 고무액이 배어 나올 수 있으니 주의한다.

⑥ ⑤의 작업물을 꼼꼼하게 눌러 붙인 후, 드라이기의 냉풍이나 약한 바람으로 말린다. 일반적으로 그냥 두면 20~30분 정도 있으면 충분히 마른다.

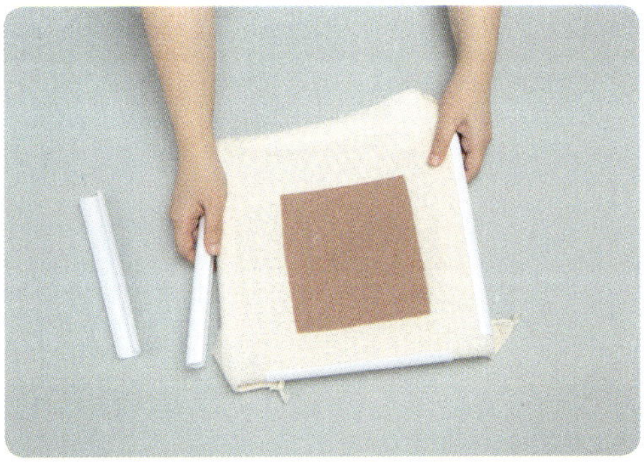

⑦ ⑥의 고무액이 충분히 말랐다면 틀에서 원단을 분리시킨다.

⑧ ⑦의 작업물을 패치워크가위로 작품 사이즈에 맞게 잘라준다.

*선택 사항으로 질감 처리 카빙작업을 먼저 해도 되고, 마감 스티치 순서를 먼저 해도 된다. 나는 마무리 작업을 할 때 마감 스티치를 먼저 하는 편이다.

마감 스티치

블랭킷 스티치는 옷감의 가장자리에 직각으로 수놓는 것으로 작품을 마무리할 때 주로 사용하는 방법입니다. 마무리 정돈도 잘 되고, 모양도 깔끔하게 정리되어 좋습니다.

① 본딩 작업을 마친 작품과 자수실을 끼운 바늘을 준비한다.(작품과 어울리는 컬러의 실을 사용하면 좋다.)

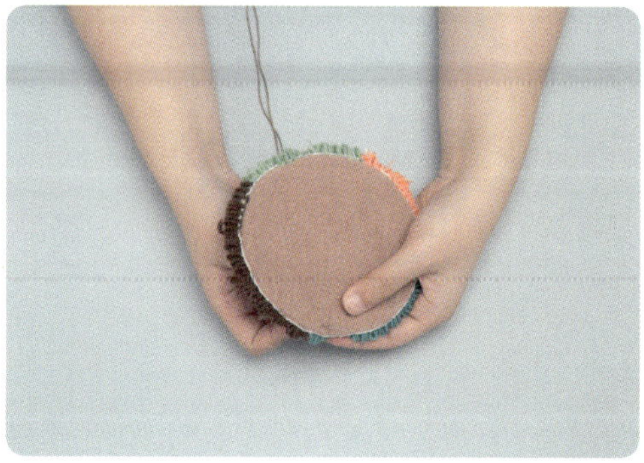

② ①의 바늘을 작업물의 앞면 가장자리에서 펠트지 쪽으로 통과시킨다.

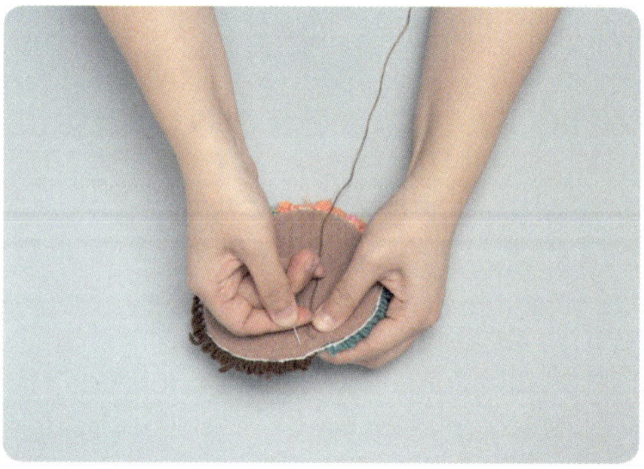

③ 펠트지 뒷면을 잡고 나온 실의 옆쪽에 ②의 바늘을 통과시킨다. 이때 바늘에 실을 오른쪽으로 감아 통과 시킨다.

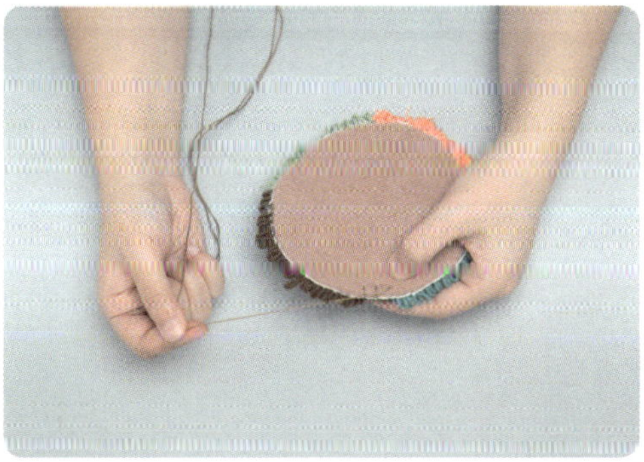

④ ③을 하고 나면 스티치와 스티치 사이 윗면에 T 자가 생긴다.

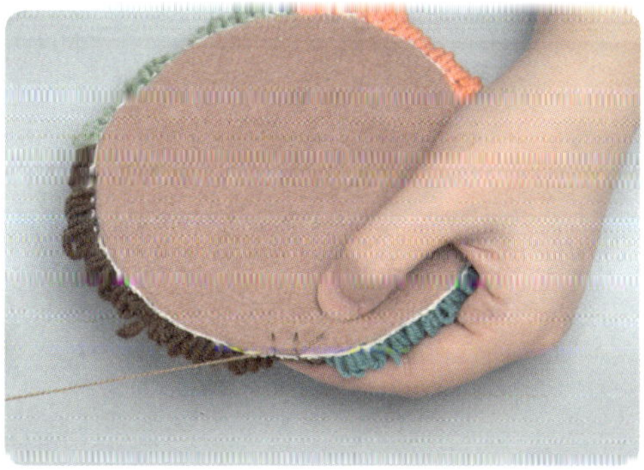

⑤ ②~④의 방법으로 계속 스티치한다.
*스티치할 때는 펠트지와 원단을 엄지와 검지로 꽉 잡고 바느질한다. 스티치 높이와 간격을 일정하게 만든다.

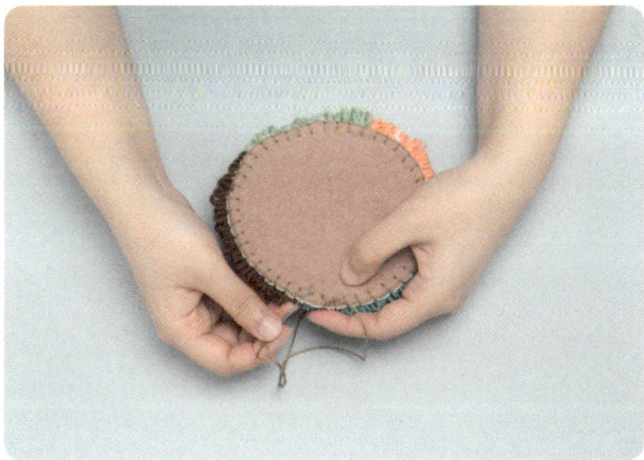

⑥ ⑤의 마지막 스티치가 끝나면 첫 스티치의 실기둥으로 바늘을 통과시켜 다른 부분의 윗면처럼 만든다. 이때 왼손으로 스티치 부분을 잡고 텐션을 주어 쭉 당겨준다.

⑦ ⑥이 마무리되면 바늘로 앞쪽의 루프 사이의 원단 부분을 살짝 떠준다. 이때 바늘이 펠트지까지 통과되면 안 된다.

⑧ ⑦의 바늘로 근처 원단을 한 번 더 떠준다. 이번에는 바늘을 전부 통과시키지 말고 반절만 통과시켜준다.

⑨ ⑧의 바늘 끝에 실을 두 번 감아 통과시켜 매듭을 만든다. 바로 자수실을 자르지 말고 불특정 파일 사이의 원단을 한 번 더 떠서 통과시킨 후, 자수실을 바짝 자른다.
*파일 사이로 매듭을 숨긴다.

질감 처리

질감 처리를 할 때는 실 먼지가 많이 나므로 반드시 마스크를 쓰고 작업합니다. 작업하는 중간중간 공간에 분무기를 살짝 뿌리는 것도 좋습니다. 본격 가위질하기에 앞서 작업물 밑에 종이를 받쳐 작업하면 정리할 때 편리합니다.

① 작업이 완성된 작품의 루프 파일을 패치워크가위나 커브가위를 이용해 커트 파일로 잘라준다. 잘리지 않은 부분이 없도록 꼼꼼히 잘라주는 것이 중요하다.

② ①의 커트 파일이 완료되면 삐죽삐죽 튀어나온 부분들을 커브날개가위로 잘라주며 정리한다. 이 과정이 표면을 정돈시키는 셔링작업이다.

③ ②의 작품이 정돈된 후, 커브날개가위를 이용해 모양을 잡아준다.

*러프함이 더 마음에 든다면 ②의 단계에서 마무리하면 되고, 단정한 형태를 선호하면 모양을 잡아주는 카빙작업을 한다.

• 커브날개가위를 활용한 질감 처리 방법

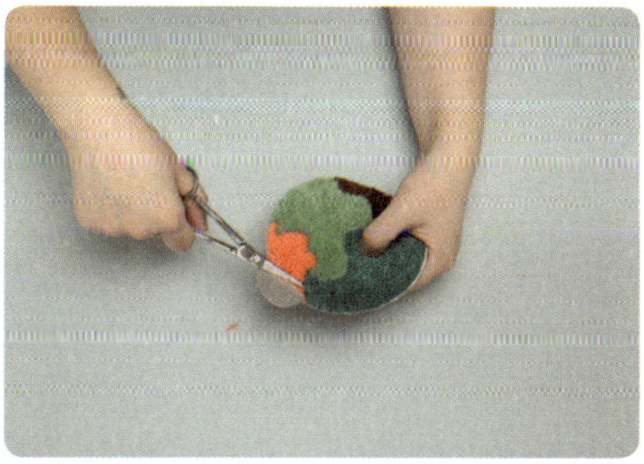

① 먼저 작품의 바깥(외곽) 부분의 끝부분을 커브날개가위로 쓰다듬듯이 잘라준다. 바깥 부분의 모양을 동글게 잡아주는데, 작업물을 돌려가며 형태를 확인해 작업한다.

② ①이 완료되면 작품의 가운데 부분을 가위날을 길게 사용해 표면을 평평하게 잘라준다. 삐죽하게 튀어나온 부분이 없는지 확인하며 정리한다.

③ ①과 ②의 작업이 모두 마무리되면 작품에 붙어 있는 실먼지들을 제거한다. 먼지를 손바닥으로 밀어내거나, 청소기를 이용해도 된다.

*커브날개가위로 마무리작업까지 마치면 펀치니들로 작품을 완성했지만, 터프팅건을 사용한 것 같은 질감 표현의 효과를 얻을 수 있다.

어피스오브애플의 카빙 방법

쓰임새에 따라 표면의 형태를 살짝 다르게 표현할 수 있다.

조약돌 키링: 조약돌의 형태처럼 가운데 부분은 배가 나오게 동그랗게 모양을 잡아준다.

코스터와 미니러그: 무언가를 올려놓아야 하는 경우에는 표면은 조금 더 평평하게 모양을 잡아준다.

4

도안 디자인하기

기본 도안 활용하기 & 비정형 형태의 도안 활용하기

작품을 만들 때 미리 도안을 계획하여 작업도 하지만, 그때그때 손이 가는 대로 도안 없이 작업할 때가 많습니다. 도안 없이 작업할 때는 컬러를 어떤 한 덩어리로 보고 머릿속으로 도안을 구성하며 작업을 하게 됩니다. 그렇게 컬러를 덩어리로 놓고 작업을 하면 표현하기가 더 쉬워지고 색감도 예쁘게 조화를 이루는 결과물이 탄생되곤 한답니다.

도안본을 만들어서 작품을 만들 때도 종종 있는데, 이럴 때는 미리 만들어 둔 도안에 다양한 베리에이션을 적용해서 한 가지의 도안으로 여러 가지의 작품을 만들기도 합니다. 여기에 구상 형태의 도안과 추상적인 도안을 접목시켜 작품을 만들기도 하는데요. 나비의 모양을 그대로 가져오고, 그 안을 채우는 것은 나비의 실물이 아닌 추상적인 도안을 집어넣는 것이죠. 이렇게 다양하게 시도해보면 더 재미있는 결과물이 나오고 변형되었지만 어떤 사물을 표현한 것인지 형태를 보면 알 수 있죠. 내 마음대로 할 수 있는 비정형의 작품이 좀 더 재미있게 펀치니들을 할 수 있게, 더 새로운 것으로의 도전도 할 수 있게 해줍니다.

그 예로 제 온라인 수업을 듣고 비정형적인 형태의 도안으로 추상적인 느낌의 결과물을 만들어 내는 수강생들도 있고, 같은 형태의 도안본을 응용하여 팔레트나 거북이, 선인장 같은 구상물을 만들어 내는 수강생들이 많이 있습니다.

또한 이렇게 하는 작업 방식은 기본 도형인 원형, 사각형, 삼각형에서도 응용할 수 있습니다. 같은 원형의 형태지만 단색으로만 펀칭을 할 수도 있고, 패턴을 넣을 수 있으며, 축구공의 패턴이나 시계같이 구체적인 구상의 이미지를 넣어 작업할 수도 있습니다.

이 책을 보는 여러분도 책 속의 기본 도형과 비정형 형태의 도안을 이용해 컬러 블로킹으로도 작업해보고, 패턴을 넣거나 혹은 구상적인 그림을 넣어 각자의 컬러와 내용으로 창의력을 발휘해보면 무궁무진한 작업물을 만들 수 있을 거예요. 이 책으로 한 번 도전해보세요.

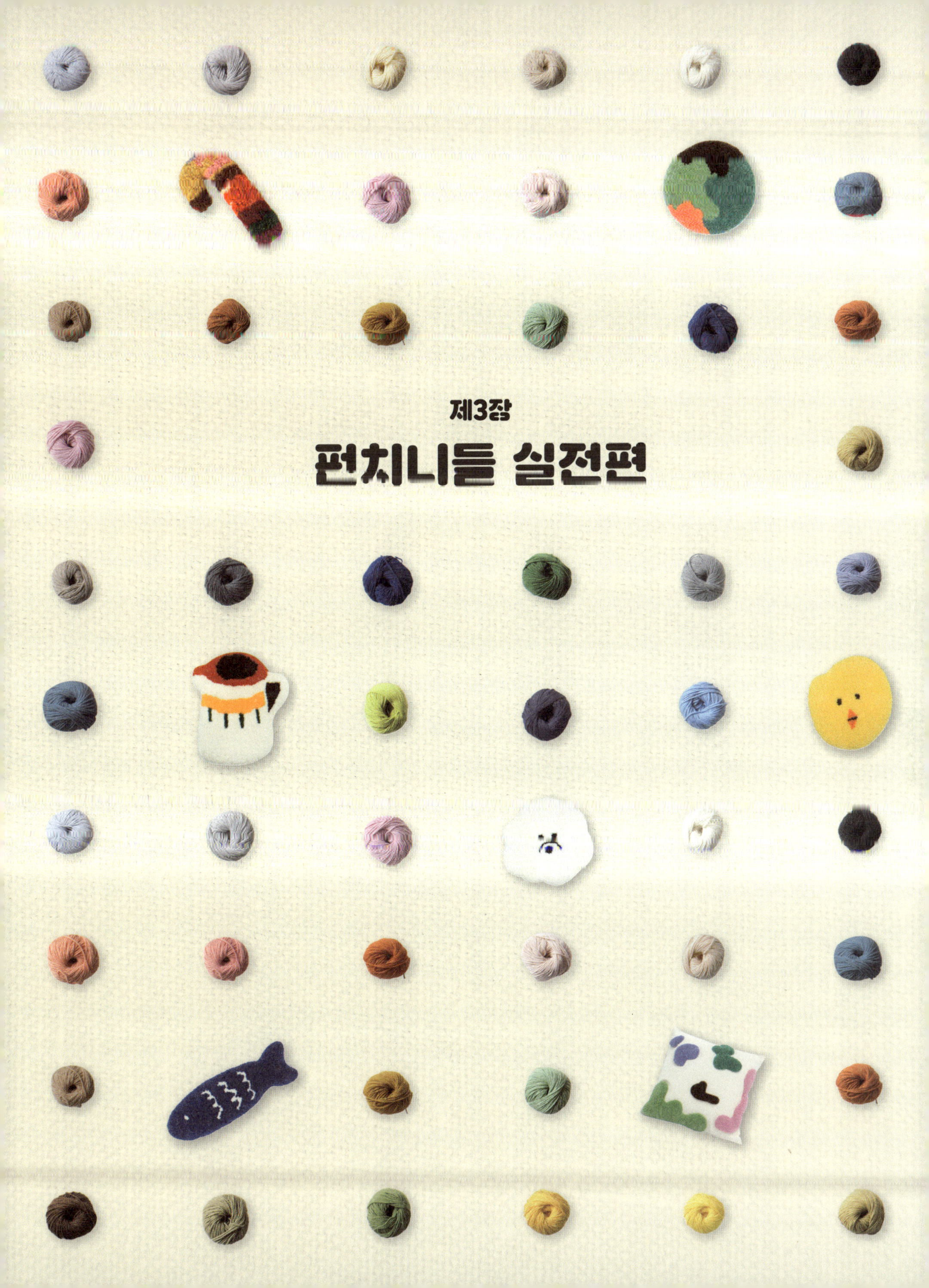

제3장

펀치니들 실전편

1

아침을 열어주는 나비 & 비정형 & 원형 코스터

커피 한 잔과 함께하는 이른 아침의 여유를 즐겨보세요.
나를 위한 머그잔 받침으로 준비한 몽글몽글한 티 코스터면
활기찬 하루를 보낼 수 있을 것만 같아요.
금세 날아오를 것만 같은 나비 모양의 티 코스터부터
나만의 상상력을 더한 티 코스터 때문에
오늘은 뭔가 좋은 일이 생길 것만 같아요.

PARIS
CITY GUIDE

나비 코스터 만드는 법

나비 코스터는 구상적인 형태의 도안이지만, 추상적인 패턴을 접목시켜 만들었습니다. 패턴까지 형태를 맞추면 재미 없는 밋밋한 작품이 만들어져요.

실			니들	펀칭 간격	POINT
					42쪽의 도안처럼 추상적인 패턴도 좋고, 뒤에 나오는 체커보드나 도트 패턴을 넣어 작업해도 새로운 작품이 될 수 있습니다.
바비울사 6번	바비울사 24번	바비울사 25번	원통형 니들 (SKC 단계 조절 니들)	3칸 간격으로 펀칭하기	

1. 원단을 씌운 수틀을 준비한다.
2. 나비 도안본을 1의 원단에 대고 기화성 수성펜이나 마카로 그림을 옮겨 그린다. (21쪽 참고)
3. 2의 도안이 그려진 원단에 마카로 컬러 블록을 나누어준 뒤, 펀치니들에 실을 두 가닥 끼운다. 니들의 앞코로 실을 1cm 정도 빼주고, 니들 길이는 B단계에 맞춘다.(19쪽 참고)
4. 3의 도안이 완성되면, 먼저 도안의 라인을 펀칭한다.(25쪽 참고)

    *도안의 라인을 먼저 펀칭하는 이유는 작업을 하다 보면 경계선이 모호해지기 때문에 작업을 시작할 때 컬러별로 밑그림 라인을 먼저 펀칭한 후 면을 채우는 것이 좋다. 한 가지 컬러의 라인을 작업하고 같은 컬러로 라인의 면을 채우는 방식이다.

5. 4의 밑그림의 라인이 펀칭으로 완성되면 면을 채운다.

    *펀칭하면서 다른 실로 바꿀 때는 원단에서 최대한 가깝게 해서 실을 잘라준다.

6. 나머지 [illegible]

*면을 펀칭할 때는 바깥에서 점점 안쪽으로 펀칭해도 되고, 위아래로 왔다 갔다 하면서 면을 채워도 된다.
(슬릿 스티치를 [illegible] 기기면 방향을 맞추는 것이 깔끔하다.)

7. 펀칭이 끝났으면, 마무리 본딩 작업으로 작업물의 뒷면에 라텍스 본드를 헤라나 골디로 얇게 펴 발라준(28쪽 참고) 후, 30초~1분 정도 기다린다.

8. 7에 작업물 크기에 맞게 자른 펠트지를 붙인다. 이때 펠트지와 작업물이 잘 붙게 손바닥으로 꼼꼼하게 문질러준다.(29쪽 참고)

9. 8의 본딩을 마친 작업물을 건조시킨다.(자연 건조 1시간, 선풍기나 드라이어 15분)

10. 9의 건조된 작업물을 틀에서 분리시켜 패치워크가위로 모양에 맞게 잘라준다.(29쪽 참고)

11. 10의 작업물을 자수실을 이용해 블랭킷 스티치로 마감한다.(30~31쪽 참고)

12. 11의 작업물 앞면의 루프 파일을 패치워크가위로 끊어 커트 파일로 만든 후, 커브날개가위로 표면을 정리한다.(32~33쪽 참고)

*커브날개가위로 가장자리 모양을 다듬어주며 형태를 잡는 것이 포인트다.
**카빙을 할 때는 가위로 표면을 쓰다듬듯이 모서리를 신경 써서 작업해야 한다.
(카빙할 때는 실 먼지가 많이 날리므로 꼭 마스크 착용)

13. 마지막으로 12의 작업물의 실 먼지를 털고 작품을 마무리하면 완성.

*실 먼지를 제거할 때는 작업물에 분무기로 물을 살짝 뿌린 뒤 손바닥으로 밀어내면 꼼꼼하게 제거된다.

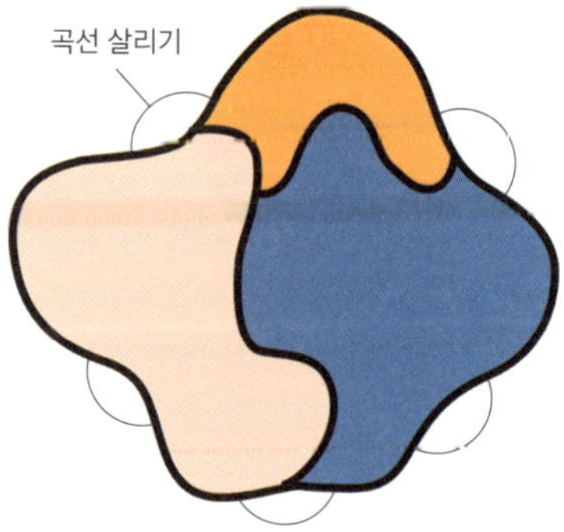

상상력을 더한 아티스틱 코스터 만드는 법

비정형 형태의 코스터입니다.
책에 있는 도안이 아닌 손이 가는 대로
자유롭게 모양을 만들어도, 컬러를 자유롭게
배치해도 좋습니다.

실	니들	펀칭 간격	POINT
 바비울사 15번, 바비울사 32번, 헤라울사 34번	 원통형 니들 (SKC 단계 조절 니들)	 3칸 간격으로 펀칭하기	배색이 어렵다면 톤 온 톤의 비슷한 두 가지 컬러와 포인트 컬러를 넣어 배색을 완성해보세요.

1. 원단을 씌운 수틀을 준비한다.

2. 추상 도안본을 1의 원단에 대고 기화성 수성펜이나 마카로 그림을 옮겨 그린다. (21쪽 참고)

3. 2의 도안이 그려진 원단에 마카로 컬러 블록을 나누어준 뒤, 펀치니들에 실을 두 가닥 끼운다. 니들의 앞코로 실을 1cm 정도 빼주고, 니들 길이는 B단계에 맞춘다.(19쪽 참고)

4. 3의 도안이 완성되면, 먼저 도안의 라인을 펀칭한다.(25쪽 참고)

   *도안의 라인을 먼저 펀칭하는 이유는 작업을 하다 보면 경계선이 모호해지기 때문에 작업을 시삭할 때 컬러별로 밑그림 라인을 먼저 펀칭한 후 면을 채우는 것이 좋다. 한 가지 컬러의 라인을 작업하고 같은 컬러로 라인의 면을 채우는 방식이다.

5. 4의 밑그림의 라인이 펀칭으로 완성되면 면을 채운다.

   *펀칭하면서 다른 실로 바꿀 때는 원단에서 최대한 가깝게 해서 실을 잘라준다.

6 나머지 컬러의 실들도 1, 2와 동일한 방식으로 펀칭한다.

*면을 펀칭할 때는 바깥에서 점점 안쪽으로 펀칭해도 되고, 위아래로 왔다 갔다 하면서 면을 채워도 된다.
(틀빗 스티치를 인정받고 사용할 거라면 방향을 맞추는 것이 깔끔하다.)

7 펀칭이 끝났으면, 마무리 본딩 작업으로 작업물의 뒷면에 라텍스 본드를 헤라나 롤러로 얇게 펴 발라준(28쪽 참고) 후, 30초~1분 정도 기다린다.

8 7에 작업물 크기에 맞게 자른 펠트지를 붙인다. 이때 펠트지와 작업물이 잘 붙게 손바닥으로 꼼꼼하게 문질러준다.(29쪽 참고)

9 8의 본딩을 마친 작업물을 건조시킨다.(자연 건조 1시간, 선풍기나 드라이어 15분)

10 9의 건조된 작업물을 틀에서 분리시켜 패치워크가위로 모양에 맞게 잘라준다.(29쪽 참고)

11 10의 작업물을 자수실을 이용해 블랭킷 스티치로 마감한다.(30~31쪽 참고)

12 11의 작업물 앞면의 루프 파일을 패치워크가위로 끊어 커트 파일로 만든 후, 커브날개가위로 표면을 정리한다.(32~33쪽 참고)

*커브날개가위로 가장자리 모양을 다듬어주며 형태를 잡는 것이 포인트다.(카빙)
**카빙을 할 때는 가위로 표면을 쓰다듬듯이 모서리를 신경 써서 작업해야 한다.

13 마지막으로 12의 작업물의 실 먼지를 털고 작품을 마무리하면 완성.

몽글몽글 원형 코스터 만드는 법

원형으로 된 추상 코스터로 책 속 도안이 아니어도 괜찮으니 손이 가는 대로 자유롭게 만들어보세요.

실	니들	펀칭 간격	POINT
 바비울사 20번 / 바비울사 25번 / 바비울사 41번 / 헤라울사 17번	 원통형 니들 (SKC 단계 조절 니들)	3칸 간격으로 펀칭하기	생각보다 배색이 어렵다면 두 가지는 톤 온 톤의 비슷한 컬러를 사용하고 포인트로 한 가지를 넣어 배색해보세요.

1. 원단을 씌운 수틀을 준비한다.
2. 원형 도안본을 1의 원단에 대고 기화성 수성펜이나 마카로 그림을 옮겨 그린다. (21쪽 참고)
3. 2의 도안이 그려진 원단에 마카로 컬러 블록을 나누어준 뒤, 펀치니들에 실을 두 가닥 끼운다. 니들의 앞코로 실을 1cm 정도 빼주고, 니들 길이는 B단계에 맞춘다.(19쪽 참고)
4. 3의 도안이 완성되면, 먼저 도안의 라인을 펀칭한다.(25쪽 참고)

   *도안의 라인을 먼저 펀칭하는 이유는 작업을 하다 보면 경계선이 모호해지기 때문에 작업을 시작할 때 컬러별로 밑그림 라인을 먼저 펀칭한 후 면을 채우는 것이 좋다. 한 가지 컬러의 라인을 작업하고 같은 컬러로 라인의 면을 채우는 방식이다.
5. 4의 밑그림의 라인이 펀칭으로 완성되면 면을 채운다.

   *펀칭하면서 다른 실로 바꿀 때는 원단에서 최대한 가깝게 해서 실을 잘라준다.

6 나머지 컬러의 실들도 4, 5와 동일한 순서로 작업한다.

*면을 펀칭할 때는 바깥에서 점점 안쪽으로 펀칭해도 되고, 위아래로 왔다 갔다 하면서 면을 채워도 된다
(플랫 스티치를 완성물로 사용할 거라면 방향을 맞추는 것이 깔끔하다.)

7 펀칭이 끝났으면, 마무리 본딩 작업으로 작업물의 뒷면에 라텍스 본드를 헤라나 롤러로 얇게 펴 발라준(28쪽 참고) 후, 30초~1분 정도 기다린다.

8 7에 작업물 크기에 맞게 자른 펠트지를 붙인다. 이때 펠트지와 작업물이 잘 붙게 손바닥으로 꼼꼼하게 문질러준다.(29쪽 참고)

9 8의 본딩을 마친 작업물을 건조시킨다.(자연 건조 1시간, 선풍기나 드라이어 15분)

10 9의 건조된 작업물을 틀에서 분리시켜 패치워크가위로 모양에 맞게 잘라준다.(29쪽 참고)

11 10의 작업물을 자수실을 이용해 블랭킷 스티치로 마감한다.(30~31쪽 참고)

12 11의 작업물 앞면의 루프 파일을 패치워크가위로 끊어 커트 파일로 만든 후, 커브날개가위로 표면을 정리한다.(32~33쪽 참고)

*커브날개가위로 가장자리 모양을 다듬어주며 형태를 잡는 것이 포인트다.(카빙)
**카빙을 할 때는 가위로 표면을 쓰다듬듯이 모서리를 신경 써서 작업해야 한다.

13 마지막으로 12의 작업물의 실 먼지를 털고 작품을 마무리하면 완성.

2

마음까지 행복해지는 체커보드 & 하트 코스터

거울을 보며 하루를 준비하는 시간,

단정하게 나를 정돈하는 곳과 잘 어울리는

체커보드 코스터와 하트 코스터만 있으면 기분이 너무 좋아질 것 같아요.

잘 정리된 화장대에서 시작하는 오늘,

행복한 기분으로 시작할 수 있을 것 같은 느낌이 들거든요.

어떤 액세서리와도 잘 어울리는 코스터,

다양한 컬러로 만들어봐도 근사할 것 같아요.

체커보드 코스터 만드는 법

체커보드 패턴은 기본 도형에도
비정형 도형에도 잘 어울립니다.
컬러 배색에 따라 다양한 분위기를
연출할 수 있어서 특별함을 더해줍니다.

실		니들	펀칭 간격	POINT
 바비울사 4번	 바비울사 45번	 원통형 니들 (SKC 단계 조절 니들)	 3칸 간격으로 펀칭하기	체커보드 패턴의 네모 모양을 잘 살려야 해요!

1. 원단을 씌운 수틀을 준비한다.
2. 체커보드 도안본을 1의 원단에 대고 기화성 수성펜이나 마카로 바깥 라인을 옮겨 그린다.
3. 2의 원단의 도안 라인 안쪽에 자를 대고 2cm 간격으로 격자무늬를 그린다. 이때 마카로 각 칸에 컬러를 구별할 수 있는 표시를 한다.

   *미리 각 네모 모양의 도안에 컬러를 표시해두면 펀칭할 때 헷갈리지 않는다.

4. 펀치니들에 실을 두 가닥 끼운 후, 니들의 앞코로 실을 1cm 정도 빼주고, 니들 길이는 B 단계에 맞춘다.(19쪽 참고)
5. 3의 원단에 완성된 네모 모양 도안의 라인을 먼저 펀칭한다.

   *도안의 라인을 먼저 펀칭하는 이유는 작업을 하다 보면 경계선이 모호해지기 때문에 작업을 시작할 때 컬러별로 밑그림 라인을 먼저 펀칭한 후 면을 채우는 것이 좋다. 한 가지 컬러의 라인을 작업하고 같은 컬러로 라인의 면을 채우는 방식이다.

6. 5의 밑그림의 라인이 펀칭으로 완성되면 면을 채운다.

*펀칭하면서 다른 실로 바꿀 때는 원단에서 최대한 가깝게 해서 실을 잘라준다.

7. 나머지 컬러의 실도 5, 6과 동일한 순서로 작업한다.

*면을 펀칭할 때는 바깥에서 점점 안쪽으로 펀칭해도 되고, 위아래로 왔다 갔다 하면서 면을 채워도 된다.
(플랫 스티치를 완성물로 사용할 거라면 방향을 맞추는 것이 깔끔하다.)

8. 펀칭이 끝났으면, 마무리 본딩 작업으로 7의 작업물 뒷면에 라텍스 본드를 헤라나 롤러로 얇게 펴 발라준(28쪽 참고) 후, 30초~1분 정도 기다린다.

9. 8에 작업물 크기에 맞게 자른 펠트지를 붙인다. 이때 펠트지와 작업물이 잘 붙게 손바닥으로 쓱쓱하게 꾹 눌러줍니다.(29쪽 참고)

10. 9의 본딩을 마친 작업물을 건조시킨다.(자연 건조 1시간, 선풍기나 드라이어 15분)

11. 10의 건조된 작업물을 틀에서 분리시켜 패치워크가위로 모양에 맞게 잘라준다.(29쪽 참고)

12. 11의 작업물을 자수실을 이용해 블랭킷 스티치로 마감한다.(30~31쪽 참고)

13. 12의 작업물 앞면의 루프 파일을 패치워크가위로 끊어 커트 파일로 만든 후, 커브날개가위로 표면을 정리한다.(32~33쪽 참고)

*커브날개가위로 가장자리 모양을 다듬어주며 형태를 잡는 것이 포인트다.(카빙)
**커브날개가위로 체커보드 패턴의 네모 모양을 잘 살려 다듬어준다.

14. 마지막으로 13의 작업물의 실 먼지를 털고 작품을 마무리하면 완성.

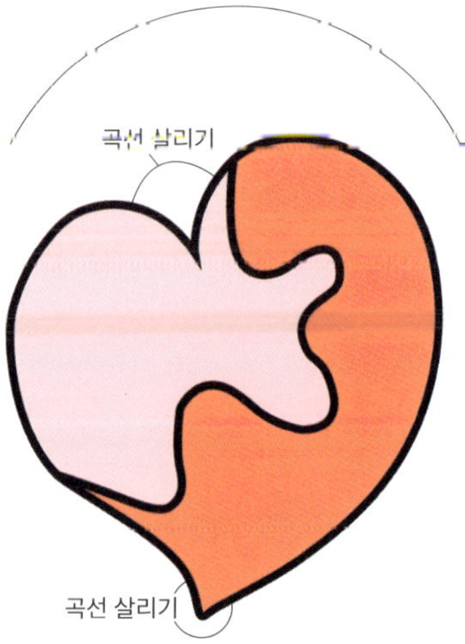

하트 코스터 만드는 법

하트 코스터에는 좀 더
특별하게 다른 컬러의 실을
두 가닥으로 합사해 펀칭했어요.
믹스 컬러로 연출해서
더 특별한 하트가 되었습니다.

실	니들	펀칭 간격	POINT
 바비울사 15번, 바비울사 16번, 바비울사 20번	 원통형 니들 (SKC 단계 조절 니들)	3칸 간격으로 펀칭하기	각각 다른 컬러의 실을 합사하면 더욱 스페셜한 느낌이 들어요. 합사한 것을 응용해 그러데이션 표현을 해 보세요.

1. 원단을 씌운 수틀을 준비한다.
2. 하트 도안본을 1의 원단에 대고 기화성 수성펜이나 마카로 그림을 옮겨 그린다. (21쪽 참고)
3. 2의 원단의 도안에 마카로 컬러 블록을 나누어준다.
4. 펀치니들에 실을 두 가닥(바비울사 15, 16번을 한 가닥씩 합사한다.)을 끼운 후, 니들 앞코의 실을 1cm 정도 빼주고 니들 길이는 B단계에 맞춘다.(19쪽 참고)
5. 3의 원단에서 도안의 라인을 먼저 펀칭한다.(25쪽 참고)
6. 5의 밑그림의 라인이 펀칭으로 완성되면 면을 채운다.

*펀칭하면서 다른 실로 바꿀 때는 원단에서 최대한 가깝게 해서 실을 잘라준다.

7. 나머지 컬러의 실도 5, 6과 동일한 순서로 작업한다.

*면을 펀칭할 때는 바깥에서 점점 안쪽으로 펀칭해도 되고, 위아래로 왔다 갔다 하면서 면을 채워도 된다.
(끝깃 스티치를 안 밀고 사용할 거라면 방향을 맞추는 것이 깔끔하다.)

8. 펀칭이 끝났으면, 마무리 본딩 작업으로 작업물의 뒷면에 라텍스 본드를 헤라나 롤러로 얇게 펴 발라준(28쪽 참고) 후, 30초~1분 정도 기다린다.

9. 8에 작업물 크기에 맞게 자른 펠트지를 붙인다. 이때 펠트지와 작업물이 잘 붙게 손바닥으로 꼼꼼하게 문질러준다.(29쪽 참고)

10. 9의 본딩을 마친 작업물을 건조시킨다.(자연 건조 1시간, 선풍기나 드라이어 15분)

11. 10의 건조된 작업물을 틀에서 분리시켜 패치워크가위로 모양에 맞게 잘라준다.(29쪽 참고)

12. 11의 작업물을 자수실을 이용해 블랭킷 스티치로 마감한다.(30~31쪽 참고)

13. 12의 작업물 앞면의 루프 파일을 패치워크가위로 끊어 커트 파일로 만든 후, 커브날개가위로 표면을 정리한다.(32~33쪽 참고)

*커브날개가위로 가장자리 모양을 다듬어주며 형태를 잡는 것이 포인트다.(카빙)
**카빙을 할 때는 가위로 표면을 쓰다듬듯이 모서리를 신경 써서 작업해야 한다.

14. 마지막으로 13의 작업물의 실 먼지를 털고 작품을 마무리하면 완성.

3

마음을 따스하게 감싸줄
엄마 닭 & 아기 병아리 코스터

예쁜 엄마 닭과 귀여운 아기 병아리 코스터예요.
코스터로 만들었지만, 어느 공간에나 잘 어울려서
따뜻하고 포근한 느낌이 드는 소품이 돼요.
아이의 공부방이나 놀이방을 꾸미면 아이들도 좋아하고,
포근한 엄마의 마음을 느낄 수 있을 거예요.

엄마 닭 코스터 만드는 법

붉은 볏과 노란 부리 부분이 돋보이는 엄마 닭 코스터입니다. 만약 변형해서 오리가 만들고 싶다면, 붉은 볏은 제외하고 부리만 살짝 바꿔 오리 코스터로 만들어도 돼요.

실				니들	펀칭 간격	POINT
바비울사 1번	바비울사 2번	바비울사 31번	바비울사 34번	원통형 니들 (SKC 단계 조절 니들)	3칸 간격으로 펀칭하기	닭 벼슬 곡선의 에지와 부리의 에지를 살려 작업해주세요!

1. 원단을 씌운 수틀을 준비한다.
2. 엄마 닭의 도안본을 1의 원단에 대고 기화성 수성펜으로 그림을 옮겨 그린다.(21쪽 참고)
3. 2의 원단에 그려진 도안에 마카로 컬러 블록을 나누어준다.
4. 펀치니들에 실을 두 가닥 끼운 후, 니들 앞코의 실을 1cm 정도 빼주고 니들 길이는 B단계에 맞춘다.(19쪽 참고)
5. 3의 원단에 완성된 도안에 먼저 닭의 눈(바비울사 1번)을 펀칭한 후, 라인을 펀칭한다.

   *도안에서 닭의 눈이 워낙 작은 부분이기 때문에 나중에 작업하게 되면 눈이 또렷하게 나타나지 않는다.
6. 5의 밑그림의 라인이 펀칭으로 완성되면 면을 채운다.
7. 나머지 컬러의 실도 라인을 펀칭 한 후 면을 채운다.

*면을 펀칭할 때는 바깥에서 점점 안쪽으로 펀치해도 되고, 위아래로 왔다 갔다 하면서 면을 채워도 된다
(닭의 부리 바비울사 31번, 얼굴 바비울사 2번, 볏 바비울사 34번)

8 펀칭이 끝났으면, 마무리 본딩 작업으로 작업물의 뒷면에 라텍스 본드를 헤라나 솔로 얇게 펴 발라준(28쪽 참고) 후, 30초~1분 정도 기다린다.

9 8에 작업물 크기에 맞게 자른 펠트지를 붙인다. 이때 펠트지와 작업물이 잘 붙게 손바닥으로 꼼꼼하게 문질러준다.(29쪽 참고)

10 9의 본딩을 마친 작업물을 건조시킨다.(자연 건조 1시간, 선풍기나 드라이어 15분)

11 10의 건조된 작업물을 틀에서 분리시켜 패치워크가위로 모양에 맞게 잘라준다.(29쪽 참고)

12 11의 작업물을 자수실을 이용해 블랭킷 스티치로 마감한다.(30~31쪽 참고)

13 커브가위나 패치워크가위의 끝을 연필 잡듯이 세워 가위 날 끝으로 12의 작업물인 닭의 눈 부분과 부리, 벼슬의 경계를 정리한다.(카빙)

14 다시 커브날개가위로 13의 가장자리 모양을 다듬어주며 형태를 잡아준다.

*카빙을 할 때는 가위로 표면을 쓰다듬듯이 모서리를 신경 써서 해야 한다.
(카빙할 때는 실 먼지가 많이 날리므로 꼭 마스크 착용)

15 마지막으로 14의 작품의 실 먼지를 털고 작품을 마무리하면 완성.

아기 병아리 코스터 만드는 법

비정형 형태를 응용해서 만든
병아리 코스터예요.
간단한 느낌이지만 눈과 입을
재미있게 표현해보았어요.

실			니들	펀칭 간격	POINT
					병아리 얼굴의 눈과 입을 신경 써서 디테일을 살려 마무리하세요.
바비울사 24번	바비울사 31번	바비울사 41번	원통형 니들 (SKC 단계 조절 니들)	3칸 간격으로 펀칭하기	

1. 원단을 씌운 수틀을 준비한다.
2. 아기 병아리의 도안본을 1의 원단에 대고 기화성 수성펜으로 그림을 옮겨 그린다. (21쪽 참고)
3. 2의 원단에 그려진 도안에 마카로 컬러 블록을 나누어준다.
4. 펀치니들에 실을 두 가닥 끼운 후, 니들 앞코의 실을 1cm 정도 빼주고 니들 길이는 B단계에 맞춘다.(19쪽 참고)
5. 3의 원단에 아기 병아리의 눈(바비울사 41번)과 입(바비울사 24번, 41번)부터 펀칭해준다.

   *도안에서 병아리의 눈과 입이 작기 때문에 나중에 작업하게 되면 또렷하게 나타나지 않는다.
6. 5의 병아리 눈과 입이 펀칭된 작업물의 나머지 면을 펀칭한다.(바비울사 31번)

   *펀칭할 때 중간중간 작업물의 앞뒤를 확인하는 것이 좋다. 펀칭을 하다 보면 병아리의 눈과 입이 생각보다 부피가 커져

새 모양이 잘 나오지 않게 되지만, 걱정할 필요는 없다. 마지막에 카빙 처리를 하고 나면 모양이 나타난다.

7. 6의 펀칭이 끝났으면, 마무리 본딩 작업으로 작업물의 뒷면에 라텍스 본드를 헤라나 롤러로 얇게 펴 발라준(28쪽 참고) 후, 30초~1분 정도 기다린다.

8. 7에 작업물 크기에 맞게 자른 펠트지를 붙인다. 이때 펠트지와 작업물이 잘 붙게 손바닥으로 꼼꼼하게 문질러준다.(29쪽 참고)

9. 8의 본딩을 마친 작업물을 건조시킨다.(자연 건조 1시간, 선풍기나 드라이어 15분)

10. 9의 건조된 작업물을 틀에서 분리시켜 패치워크가위로 모양에 맞게 잘라준다.(29쪽 참고)

11. 10의 작업물을 자수실을 이용해 블랭킷 스티치로 마감한다.(30~31쪽 참고)

12. 커브가위나 패치워크가위의 끝을 연필 잡듯이 세워 가위 날 끝으로 11의 병아리의 눈과 입을 찾아 또렷하게 모양이 나오게 정리한다.(카빙)

13. 다시 커브날개가위로 12의 눈과 입을 다듬어주며 형태를 잡아준다.

*카빙을 할 때는 가위로 표면을 쓰다듬듯이 모서리를 신경 써서 해야 한다.
(카빙할 때는 실 먼지가 많이 날리므로 꼭 마스크 착용)

14. 마지막으로 13의 작품의 실 먼지를 털고 작품을 마무리하면 완성.

4

오늘부터 댕댕이 집사 비숑 & 푸들 코스터

보기만 해도 너무 귀여운 강아지 친구들이에요.

복슬복슬 하얀 털이 매력만점인 비숑과

브라운의 세련된 컬러가 돋보이는 보글보글한 털의 푸들.

보고만 있어도 슬며시 미소가 지어지는 예쁜 코스터예요.

사무실 책상에 두고 스치듯 보며

힐링을 얻을 수 있는 반려소품입니다.

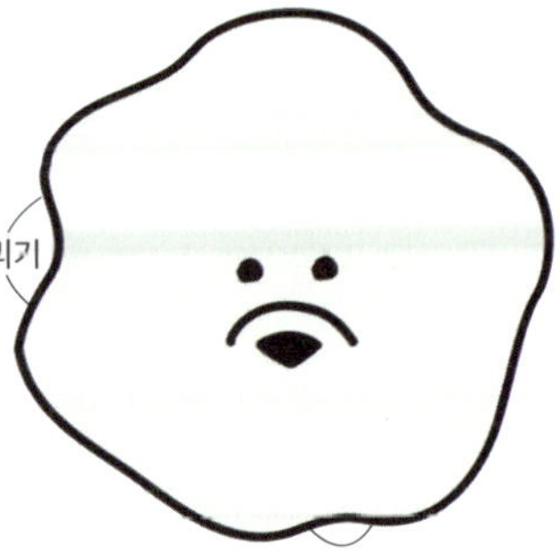

비숑 & 푸들 코스터 만드는 법

간단한 형태를 응용해서 만든
비숑 & 푸들 코스터입니다.
여기서는 강아지 얼굴을 표현했지만,
형태를 응용해서 추상 패턴을 넣은
코스터나 꽃, 빵 모양 등의
여러 가지로 변형해서 만들 수 있습니다.

비숑 실	푸들 실	니들	펀칭 간격	POINT
바비울사 1번, 바비울사 2번	바비울사 1번, 바비울사 28번	원통형 니들 (SKC 단계 조절 니들)	3칸 간격으로 펀칭하기	눈코입이 있는 모양을 만들 경우에는 이목구비에 꼭 신경을 써주세요! 또한 곡선과 곡선 사이의 모서리를 살려 작업해야 형태가 뭉개지지 않고 잘 나타나요!

1. 원단을 씌운 수틀을 준비한다.
2. 강아지 도안본을 1의 원단에 대고 기화성 수성펜으로 그림을 옮겨 그린다.(21쪽 참고)

   *원단 뒷면에 도안을 붙여 창문의 빛이나 스마트폰의 플래시를 이용해 도안을 그려도 된다.
3. 펀치니들에 실을 두 가닥 끼운 후, 니들 앞코의 실을 1cm 정도 빼주고 니들 길이는 B단계에 맞춘다.(19쪽 참고)
4. 2의 원단에 강아지의 눈, 코, 입(비숑과 푸들 모두 바비울사 1번)부터 펀칭해준다.

   *눈, 코, 입은 작기 때문에 나중에 작업하게 되면 또렷하게 나타나지 않는다.
5. 4의 눈, 코, 입 펀칭이 완성되면 나머지 면을 채운다.
6. 펀칭이 끝났으면, 마무리 본딩 작업으로 5의 작업물 뒷면에 라넥스 본드를 헤라나 롤러로

힘세게 발라준(28쪽 참고) 후, 30초~1분 정도 기다린다.

7. 6에 작업물 크기에 맞게 자른 펠트지를 붙인다. 이때 펠트지와 작업물이 잘 붙게 손바닥으로 꼼꼼하게 문질러준다.(29쪽 참고)

8. 7의 본딩을 마친 작업물을 건조시킨다.(자연 건조 1시간, 선풍기나 드라이어 15분)

9. 8의 건조된 작업물을 틀에서 분리시켜 패치워크가위로 모양에 맞게 잘라준다.(29쪽 참고)

10. 9의 작업물을 자수실을 이용해 블랭킷 스티치로 마감한다.(30~31쪽 참고)

11. 커브가위나 패치워크가위의 끝을 연필 잡듯이 세워 가위 날 끝으로 10의 강아지 얼굴의 눈, 코, 입을 찾아 또렷하게 모양이 나오게 정리한다.(카빙)

12. 다시 커브날개가위로 11의 눈, 코, 입을 다듬어주며 형태를 잡아준다.

*외곽의 곡선과 곡선 사이 모서리 부분을 신경 써서 다듬어준다. 잘 다듬어야 부드러운 곡선이 만들어진다.

13. 마지막으로 12의 작품의 실 먼지를 털고 작품을 마무리하면 완성.

5

정오의 티타임을 부르는 머그컵 코스터 & 티팟 미니러그

머그컵 코스터와 한 세트로도 손색이 없는

티팟 미니러그의 조합이에요.

왠지 따스한 햇볕이 비추는 거실에서

향이 좋은 차를 마시고 싶어집니다.

몽글몽글 귀여운 티팟에서

모락모락 뜨거운 차의 향이 코를 간질일 것만 같아요.

머그컵 코스터 만드는 법

어글리하지만 사랑스러운 머그컵 코스터입니다. 차와 정말 잘 어울리는 소품입니다.

실					니들	펀칭 간격	POINT
바비울사 2번	바비울사 23번	바비울사 32번	바비울사 41번	바비울사 49번	원통형 니들 (SKC 단계 조절 니들)	3칸 간격으로 펀칭하기	구상적인 형태는 카빙할 때 각 면의 경계선 정리가 정말 중요해요. 꼼꼼하게 하세요!

1. 원단을 씌운 수틀을 준비한다.
2. 머그컵 도안본을 1의 원단에 대고 기화성 수성펜이나 마카로 그림을 옮겨 그린다. (21쪽 참고)
3. 2의 도안의 원단에 마카로 컬러 블록을 나누어준 뒤, 펀치니들에 실을 두 가닥 끼운다. 니들의 앞코로 실을 1cm 정도 빼주고, 니들 길이는 B단계에 맞춘다.(19쪽 참고)
4. 3의 도안이 완성되면, 먼저 도안의 라인을 펀칭한다.(25쪽 참고)

   *도안의 라인을 먼저 펀칭하는 이유는 작업을 하다 보면 경계선이 모호해지기 때문에 작업을 시작할 때 컬러별로 밑그림 라인을 먼저 펀칭한 후 면을 채우는 것이 좋다. 한 가지 컬러의 라인을 작업하고 같은 컬러로 라인의 면을 채우는 방식이다.

5. 4의 밑그림의 라인이 펀칭으로 완성되면 면을 채운다.

   *펀칭하면서 다른 실로 바꿀 때는 원단에서 최대한 가깝게 해서 실을 잘라주다.

6 나머지 펀치의 선들도 4, 5와 동일한 순서로 채워준다.

*면을 펀칭할 때는 바깥에서 점점 안쪽으로 펀칭해도 되고, 위아래로 왔다 갔다 하면서 면을 채워도 된다
(플랫 스티치를 원형으로 사용할 거라면 방향을 맞추는 것이 깔끔하다.)

7 펀칭이 끝났으면, 마무리 본딩 작업으로 6의 작업물 뒷면에 라텍스 본드를 헤라나 롤러로 얇게 펴 발라준(28쪽 참고) 후, 30초~1분 정도 기다린다.

8 7에 작업물 크기에 맞게 자른 펠트지를 붙인다. 이때 펠트지와 작업물이 잘 붙게 손바닥으로 꼼꼼하게 문질러준다.(29쪽 참고)

9 8의 본딩을 마친 작업물을 건조시킨다.(자연 건조 1시간, 선풍기나 드라이어 15분)

10 9의 건조된 작업물을 틀에서 분리시켜 패치워크가위로 모양에 맞게 잘라준다.(29쪽 참고)

11 10의 작업물을 자수실을 이용해 블랭킷 스티치로 마감한다.(30~31쪽 참고)

12 11의 작업물 앞면의 루프 파일을 패치워크가위로 끊어 커트 파일로 만든 후, 커브날개가위로 표면을 정리한다.(32~33쪽 참고)

*커브날개가위로 가장자리 모양을 다듬어주며 형태를 잡는 것이 포인트다.(카빙)
**카빙을 할 때는 가위로 표면을 쓰다듬듯이 모서리를 신경 써서 해야 한다.

13 마지막으로 12의 작업물의 실 먼지를 털고 작품을 마무리하면 완성.

티팟 미니러그 만드는 법

머그컵 코스터와 아주 잘 어울리는 미니러그예요.
테이블이나 주방에 어울리는
인테리어 소품이 될 수 있습니다.

실	니들	펀칭 간격	POINT
바비울사 2번 바비울사 23번 바비울사 32번 바비울사 41번 바비울사 49번	원통형 니들 (SKC 단계 조절 니들)	3칸 간격으로 펀칭하기	미니러그 면의 경계선 정리에 신경 써야 해요! 곡선과 곡선 사이의 모서리를 살려야 형태가 잘 나타나요!

1. 원단을 씌운 수틀을 준비한다.
2. 티팟 도안본을 1의 원단에 대고 기화성 수성펜이나 마카로 그림을 옮겨 그린다. (21쪽 참고)

   *원단 뒷면에 도안을 붙여 창문의 빛이나 스마트폰의 플래시를 이용해 도안을 그려도 된다.
3. 2의 도안의 원단에 마카로 컬러 블록을 나누어준 뒤, 펀치니들에 실을 두 가닥 끼운다. 니들의 앞코로 실을 1cm 정도 빼주고, 니들 길이는 B단계에 맞춘다.(19쪽 참고)
4. 3의 도안이 완성되면, 먼저 도안의 라인을 펀칭한다.(25쪽 참고)

   *도안의 라인을 먼저 펀칭하는 이유는 작업을 하다 보면 경계선이 모호해지기 때문에 작업을 시작할 때 컬러별로 밑그림 라인을 먼저 펀칭한 후 면을 채우는 것이 좋다. 한 가지 컬러의 라인을 작업하고 같은 컬러로 라인의 면을 채우는 방식이다.
5. 4의 밑그림의 라인이 펀칭으로 완성되면 면을 채운다.

   *펀칭순서는 형태가 작은 것부터 하는 것이 좋다. 티팟의 잔무늬부터 펀칭한다.

6. 나머지 컬러의 실들도 4, 5와 동일한 순서로 작업한다.

*면을 펀칭할 때는 바깥에서 점점 안쪽으로 펀칭해도 되고, 위아래로 왔다 갔다 하면서 면을 채워도 된다.
(끝맺 스티치를 인접면과 이용한 기리면 방향을 맞추는 것이 깔끔하다.)

7. 펀칭이 끝났으면, 마무리 본딩 작업으로 6의 작업물 뒷면에 라텍스 본드를 헤라나 롤러로 얇게 펴 발라준(28쪽 참고) 후, 30초~1분 정도 기다린다.

8. 7에 작업물 크기에 맞게 자른 펠트지를 붙인다. 이때 펠트지와 작업물이 잘 붙게 손바닥으로 꼼꼼하게 문질러준다.(29쪽 참고)

9. 8의 본딩을 마친 작업물을 건조시킨다.(자연 건조 1시간, 선풍기나 드라이어 15분)

10. 9의 건조된 작업물을 틀에서 분리시켜 패치워크가위로 모양에 맞게 잘라준다.(29쪽 참고)

11. 10의 작업물을 자수실을 이용해 블랭킷 스티치로 마감한다.(30~31쪽 참고)

12. 11의 작업물 앞면의 루프 파일을 패치워크가위로 끊어 커트 파일로 만든 후, 커브날개가위로 표면을 정리한다.(32~33쪽 참고)

13. 12의 작업물을 커브가위나 패치워크가위의 끝을 연필 잡듯이 세워 가위 날 끝으로 티팟의 무늬를 찾아 경계를 꼼꼼하게 정리해준다.

*커브날개가위로 가장자리 모양을 다듬어주고, 표면을 쓰다듬듯이 각 모서리 부분들을 다시 다듬어준다.

14. 마지막으로 13의 작업물의 실 먼지를 털고 작품을 마무리하면 완성.

6

매력 뿜뿜 검은 고양이 미니러그

누구나 그 매력에 빠져버릴 수밖에 없는
검은 고양이 미니러그예요.
애착 인형처럼 마음을 편하게 해주기도 하고,
침대나 소파 한쪽에 살짝 놓아두어도
마치 내가 고양이 집사가 되어 있는 것 같은
착각에 빠지게 한답니다.

검은 고양이 미니러그 만드는 법

넓은 고양이 배 위에 여러 가지 물건들을 올려놓고 연출해도 좋고, 고양이에 고리를 달아 벽장식으로 활용하면 특별한 인테리어 포인트가 됩니다.

실	니들	펀칭 간격	POINT
 바비울사 1번 / 바비울사 2번 / 바비울사 32번	 원통형 니들 (SKC 단계 조절 니들)	3칸 간격으로 펀칭하기	눈, 코, 입이 있는 도안이라면, 곡선과 곡선 사이의 모서리를 살려야 형태가 뭉개지지 않아요!

1. 원단을 씌운 수틀을 준비한다.
2. 검은 고양이 도안본을 1의 원단에 대고 마카로 그림을 옮겨 그린다.(21쪽 참고)
3. 펀치니들에 실을 두 가닥 끼운 후, 니들의 앞코로 실을 1cm 정도 빼주고, 니들 길이는 B단계에 맞춘다.(19쪽 참고)
4. 2의 도안이 완성되면, 먼저 고양이의 이목구비부터 펀칭한다.

   *형태가 작은 것부터 펀칭해야 잘나타난다.(고양이 눈은 바비울사 1번과 바비울사 32번, 입은 바비울사 2번)

5. 4의 고양이 이목구비가 완성되면 고양이 몸통의 면을 채운다.(고양이 몸통 바비울사 1번)

   *면을 펀칭할 때는 바깥에서 점점 안쪽으로 펀칭해도 되고, 위아래로 왔다 갔다 하면서 면을 채워도 된다.(플랫 스티치를 완성물로 사용할 거라면 방향을 맞추는 것이 깔끔하다.

6. 펀칭이 끝났으면, 마무리 본딩 작업으로 작업물의 뒷면에 라텍스 본드를 헤라나 롤러로

얇게 펴 발라준(28쪽 참고) 후, 30초~1분 정도 기다린다.

7. 6에 작업물 크기에 맞게 자른 펠트지를 붙인다. 이때 펠트지와 작업물이 잘 붙게 손바닥으로 꼼꼼하게 문질러준다.(29쪽 참고)

8. 7의 본딩을 마친 작업물을 건조시킨다.(자연 건조 1시간, 선풍기나 드라이어 15분)

9. 8의 건조된 작업물을 틀에서 분리시켜 패치워크가위로 모양에 맞게 잘라준다.(29쪽 참고)

10. 9의 작업물을 자수실을 이용해 블랭킷 스티치로 마감한다.(30~31쪽 참고)

11. 10의 작업물의 앞면의 루프 파일을 패치워크가위로 끊어 커트 파일로 만든 후, 커브날개가위로 표면을 정리한다.

12. 11의 작업물을 커브가위나 패치워크가위의 끝을 연필 잡듯이 세워 가위 날 끝으로 고양이 얼굴의 이목구비 경계를 꼼꼼하게 정리해준다.

*외곽의 곡선과 곡선 사이의 모서리 부분을 잘 다듬어야 모양이 뭉개지지 않는다.
**커브날개가위로 가장자리 모양을 다듬어주고, 표면을 쓰다듬듯이 각 모서리 부분들을 다시 다듬어준다.

13. 마지막으로 12의 작업물의 실 먼지를 털고 작품을 마무리하면 완성.

7

큐트큐트 치즈냥이 & 물고기 미니러그

귀여운 치즈냥이를 안으면 포근하고
따뜻한 위로를 받을 것만 같아요.
치즈냥이가 가장 좋아하는 물고기도 함께 연출해보았어요.
무엇이든 올려놓아도 치즈냥이가 포근하게 감싸줄 것만 같아요.
물고기 미니러그 빼고는 치즈냥이가 모두 지켜줄 것 같죠?

큐트큐트 치즈냥이 미니러그 만드는 법

귀여운 얼룩무늬의 치즈냥이 미니러그입니다.
보고만 있어도 귀엽고 포근한 느낌이 들어
어디에나 잘 어울립니다.

실				니들	펀칭 간격	POINT
바비울사 1번	바비울사 2번	바비울사 6번	바비울사 27번	원통형 니들 (SKC 단계 조절 니들)	3칸 간격으로 펀칭하기	고양이의 포인트인 꼬리와 몸통 사이의 모서리를 잘 살려야 형태가 예쁘게 만들어져요!

1. 원단을 씌운 수틀을 준비한다.
2. 얼룩무늬 치즈냥이 도안본을 1의 원단에 대고 마카로 그림을 옮겨 그린다.(21쪽 참고)
3. 펀치니들에 실을 두 가닥 끼운 후, 니들의 앞코로 실을 1cm 정도 빼주고, 니들 길이는 B단계에 맞춘다.(19쪽 참고)
4. 2의 도안이 완성되면, 먼저 도안의 라인을 펀칭한다.(25쪽 참고)

   *도안의 라인을 먼저 펀칭하는 이유는 작업을 하다 보면 경계선이 모호해지기 때문에 작업을 시작할 때 컬러별로 밑그림 라인을 먼저 펀칭한 후 면을 채우는 것이 좋다. 한 가지 컬러의 라인을 작업하고 같은 컬러로 라인의 면을 채우는 방식이다.

5. 4의 밑그림의 라인이 완성되면 면을 채워주고, 나머지 부분도 면을 채운다.

   *펀칭하는 순서는 고양이의 눈(바비울사 6번, 1번), 코, 입(바비울사 1번) ⇨ 고양이 무늬(바비울사 27번) ⇨ 나머지 부분을 채워주는 순서로 한다.

6. 펀칭이 끝났으면, 마무리 본딩 작업으로 작업물의 뒷면에 라텍스 본드를 헤라나 롤러로 얇게 펴 발라준(28쪽 참고) 후, 30초~1분 정도 기다린다.

7. 6에 작업물 크기에 맞게 자른 펠트지를 붙인다. 이때 펠트지와 작업물이 잘 붙게 손바닥으로 꼼꼼하게 문질러준다.(29쪽 참고)

8. 7의 본딩을 마친 작업물을 건조시킨다.(자연 건조 1시간, 선풍기나 드라이어 15분)

9. 8의 건조된 작업물을 틀에서 분리시켜 패치워크가위로 모양에 맞게 잘라준다.(29쪽 참고)

10. 9의 작업물을 자수실을 이용해 블랭킷 스티치로 마감한다.(30~31쪽 참고)

11. 10의 작업물 앞면의 부푼 파일을 패치워크가위로 높이 가는 파일로 만든 후, 커브날개가위로 표면을 정리한다.

12. 11의 작업물을 커브가위나 패치워크가위의 끝을 연필 잡듯이 세워 가위 날 끝으로 고양이 얼굴의 이목구비 경계를 꼼꼼하게 정리해준다.

*외곽의 곡선과 곡선 사이의 모서리 부분을 잘 다듬어야 모양이 뭉개지지 않는다.
**커브날개가위로 가장자리 모양을 다듬어주고, 표면을 쓰다듬듯이 각 모서리 부분들을 다시 다듬어준다.

13. 마지막으로 12의 작업물의 실 먼지를 털고 작품을 마무리하면 완성.

물고기 미니러그 만드는 법

바다를 닮은 파란색의 물고기 미니러그입니다.
고양이 미니러그와 함께 연출하면 좋습니다.

실		니들	펀칭 간격	POINT
 바비울사 2번	 바비울사 53번	 원통형 니들 (SKC 단계 조절 니들)	3칸 간격으로 펀칭하기	물고기의 눈과 비늘 패턴을 꼼꼼하게 정리해서 잘 보이게 하는 게 중요해요!

1. 원단을 씌운 수틀을 준비한다.
2. 물고기 도안본을 1의 원단에 대고 마카로 그림을 옮겨 그린다.(21쪽 참고)
3. 펀치니들에 실을 두 가닥 끼운 후, 니들의 앞코로 실을 1cm 정도 빼주고, 니들 길이는 B단계에 맞춘다.(19쪽 참고)
4. 2의 도안이 완성되면, 먼저 도안의 라인을 펀칭한다.(25쪽 참고)

   *도안의 라인을 먼저 펀칭하는 이유는 작업을 하다 보면 경계선이 모호해지기 때문에 작업을 시작할 때 컬러별로 밑그림 라인을 먼저 펀칭한 후 면을 채우는 것이 좋다. 한 가지 컬러의 라인을 작업하고 같은 컬러로 라인의 면을 채우는 방식이다.

5. 4의 밑그림의 라인이 완성되면 면을 채워주고, 나머지 부분도 면을 채운다.

   *펀칭하는 순서는 물고기의 눈 ⇨ 물고기의 비늘 ⇨ 나머지 부분을 채워주는 순서로 한다.

6. 펀칭이 끝났으면, 마무리 본딩 작업으로 작업물의 뒷면에 라텍스 본드를 헤라나 롤러로 얇게 펴 발라준(28쪽 참고) 후, 30초~1분 정도 기다린다.

7. 6에 작업물 크기에 맞게 자른 펠트지를 붙인다. 이때 펠트지와 작업물이 잘 붙게 손바닥으로 꼼꼼하게 문질러준다.(29쪽 참고)

8. 7의 본딩을 마친 작업물을 건조시킨다.(자연 건조 1시간, 선풍기나 드라이어 15분)

9. 8의 건조된 작업물을 틀에서 분리시켜 패치워크가위로 모양에 맞게 잘라준다.(29쪽 참고)

10. 9의 작업물을 지수실을 이용해 블랭킷 스티치로 마감한다.(30~31쪽 참고)

11. 10의 작업물 앞면의 루프 파일을 패치워크가위로 끊어 커트 파일로 만든 후, 커브날개가위로 표면을 정리한다.

12. 11의 작업물을 커브가위나 패치워크가위의 끝을 연필 잡듯이 세워 가위 날 끝으로 물고기의 눈과 비늘 부분을 찾아주고 꼼꼼하게 정리해준다.

*외곽의 곡선과 곡선 사이의 모서리 부분을 잘 다듬어야 모양이 뭉개지지 않는다.
**커브날개가위로 가장자리 모양을 다듬어주고, 표면을 쓰다듬듯이 각 모서리 부분들을 다시 다듬어준다.

13. 마지막으로 12의 작업물의 실 먼지를 털고 작품을 마무리하면 완성.

8

시크미 넘치는 점박이 강아지 미니러그

가만히 있는 것 같지만, 자꾸 곁눈질을 하며
슬금슬금 어딘가로 가고 있는 것만 같아요.
표정도 재미있는 강아지 미니러그를 책상 위에 두고
안경이나 문구류 등을 올려두면
금세 물건들이 어딘가로 사라질 것만 같아요.

점박이 강아지 미니러그 만드는 법

익살스러운 얼굴을 가진
강아지 미니러그입니다. 차분한 색상 때문에
책상에 올려두고 친구처럼 의지하면
일도 공부도 모두 잘될 거예요.

실			니들	펀칭 간격	POINT
바비울사 2번	바비울사 27번	바비울사 41번	원통형 니들 (SKC 단계 조절 니들)	3칸 간격으로 펀칭하기	눈, 코, 입이 있는 도안일 경우에는 꼭 신경 써주세요! 곡선과 곡선 사이의 모서리를 살려야 형태가 뭉개지지 않아요!

1. 원단을 씌운 수틀을 준비한다.
2. 점박이 강아지 도안본을 1의 원단에 대고 마카로 그림을 옮겨 그린다.(21쪽 참고)
3. 펀치니들에 실을 두 가닥 끼운 후, 니들의 앞코로 실을 1cm 정도 빼주고, 니들 길이는 B단계에 맞춘다.(19쪽 참고)
4. 2의 도안이 완성되면, 먼저 도안의 라인을 펀칭한다.(25쪽 참고)

   *도안의 라인을 먼저 펀칭하는 이유는 작업을 하다 보면 경계선이 모호해지기 때문에 작업을 시작할 때 컬러별로 밑그림 라인을 먼저 펀칭한 후 면을 채우는 것이 좋다. 한 가지 컬러의 라인을 작업하고 같은 컬러로 라인의 면을 채우는 방식이다.
5. 4의 밑그림의 라인이 완성되면 면을 채워주고, 나머지 부분도 면을 채운다.

   *펀칭하는 순서는 강아지의 눈(바비울사 41번, 2번)과 코(바비울사 41번) ⇨ 강아지의 무늬(바비울사 27번), 귀(바비울사 41번) ⇨ 나머지 부분을 채워주는 순서로 한다.

6 터칭이 끝났으면, 마무리 본딩 작업으로 작업물의 뒷면에 라텍스 본드를 헤라에 묻히고 얇게 펴 발라준(28쪽 참고) 후, 30초~1분 정도 기다린다.

7 6에 작업물 크기에 맞게 자른 펠트지를 붙인다. 이때 펠트지와 작업물이 잘 붙게 손바닥으로 꼼꼼하게 문질러준다.(29쪽 참고)

8 7의 본딩을 마친 작업물을 건조시킨다.(자연 건조 1시간, 선풍기나 드라이어 15분)

9 8의 건조된 작업물을 틀에서 분리시켜 패치워크가위로 모양에 맞게 잘라준다.(29쪽 참고)

10 9의 작업물을 자수실을 이용해 블랭킷 스티치로 마감한다.(30~31쪽 참고)

11 10의 작업물 앞면의 루프 파일을 패치워크가위로 끊어 커트 파일로 만든 후, 커브날개가위로 표면을 정리한다.

12 11의 작업물을 커브가위나 패치워크가위의 끝을 연필 잡듯이 세워 가위 날 끝으로 강아지 얼굴의 이목구비 경계를 꼼꼼하게 정리해준다.

*외곽의 곡선 부분의 꼬리와 몸통 사이, 다리와 몸통이 이어지는 모서리 부분들을 잘 다듬어준다.
**커브날개가위로 가장자리 모양을 다듬어주고, 표면을 쓰다듬듯이 각 모서리 부분들을 다시 다듬어준다.

13 마지막으로 12의 작업물의 실 먼지를 털고 작품을 마무리하면 완성.

9

사랑스러운 테디베어 미니러그

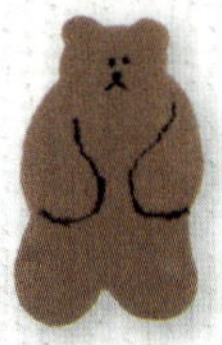

보고만 있어도 기분이 좋아지는 테디베어 미니러그입니다.
벽이나 책장에 세워두어도 인형처럼 느껴지기 때문에
꼭 미니러그로 사용하지 않아도 돼요.
어디에나 맞춘 듯이 잘 어울리거든요.
마치 살아 있는 곰돌이 같아서 볼 때마다
깜짝깜짝 놀라기도 해요.

PRISMACOLOR PREMIER
Geheimrat Dr. Older

테디베어 미니러그 만드는 법

약간 시크한 표정의
테디베어 미니러그입니다.
세워둘 때는 인테리어용으로 눕혔을 때는
내 책상을 지켜주는 작은 곰이 됩니다.

실			니들	펀칭 간격	POINT
					테디베어의 형태와 눈, 코, 입에 신경 써주세요!
바비울사 1번	바비울사 29번	바비울사 41번	원통형 니들 (SKC 단계 조절 니들)	3칸 간격으로 펀칭하기	

1. 원단을 씌운 수틀을 준비한다.
2. 테디베어 도안본을 1의 원단에 대고 마카로 그림을 옮겨 그린다.(21쪽 참고)
3. 펀치니들에 실을 두 가닥 끼운 후, 니들의 앞코로 실을 1cm 정도 빼주고, 니들 길이는 B단계에 맞춘다.(19쪽 참고)
4. 2의 도안이 완성되면, 먼저 도안의 라인을 펀칭한다.(25쪽 참고)
5. 4의 밑그림의 라인이 완성되면, 먼저 테디베어의 눈, 코, 입(바비울사 1번)과 팔 라인(바비울사 41번)을 펀칭해준다.

   *팔 라인의 두께는 두 줄 정도로 펀칭해주면 좋다.
6. 나머지 컬러의 실로 도안의 면을 채운다.

7. 펀칭이 끝났으면, 마무리 본딩 작업으로 작업물의 뒷면에 라텍스 본드를 헤라나 롤러로 얇게 펴 발라준(29쪽 참고) 후, 30초~1분 정도 기다린다.

8. 7에 작업물 크기에 맞게 자른 펠트지를 붙인다. 이때 펠트지와 작업물이 잘 붙게 손바닥으로 꼼꼼하게 문질러준다.(29쪽 참고)

9. 8의 본딩을 마친 작업물을 건조시킨다.(자연 건조 1시간, 선풍기나 드라이어 15분)

10. 9의 건조된 작업물을 틀에서 분리시켜 패치워크가위로 모양에 맞게 잘라준다.(29쪽 참고)

11. 10의 작업물을 자수실을 이용해 블랭킷 스티치로 마감한다.(30~31쪽 참고)

12. 11의 작업물 앞면의 루프 파일을 패치워크가위로 잘라 커트 파일로 만든 후, 커브날개가위로 표면을 정리한다.

13. 12의 작업물을 커브가위나 패치워크가위의 끝을 연필 잡듯이 세워 가위 날 끝으로 테디베어의 눈, 코, 입과 팔 라인의 경계를 찾아주고 꼼꼼하게 정리해준다.

*외곽의 곡선과 곡선 사이의 모서리 부분들을 잘 다듬어준다.
**커브날개가위로 가장자리 모양을 다듬어주고, 표면을 쓰다듬듯이 각 모서리 부분들을 다시 다듬어준다.

14. 마지막으로 13의 작업물의 실 먼지를 털고 작품을 마무리하면 완성.

10

달리는 강아지 미니러그

굉장히 역동적인 느낌의 강아지 미니러그예요.

누가 강아지를 불렀을까요?

온몸을 다해 뛰는 귀여운 강아지를

침대 옆 협탁에 두면 안성맞춤이에요.

늘 귀여운 꼬리를 흔들며 나를 반겨줄 것만 같거든요.

달리는 강아지 미니러그 만드는 법

파스텔톤의 예쁜 강아지 미니러그입니다.
어디에서도 볼 수 없는 움직임이 느껴져서
특별한 반려소품이 됩니다.

실				니들	펀칭 간격	POINT
						눈, 코, 입이 있는 도안일 경우에는 꼭 신경 써주세요! 곡선과 곡선 사이의 모서리를 살려야 형태가 뭉개지지 않아요!
바비울사 2번	바비울사 15번	바비울사 34번	바비울사 41번	원통형 니들 (SKC 단계 조절 니들)	3칸 간격으로 펀칭하기	

1. 원단을 씌운 수틀을 준비한다.
2. 강아지 도안본을 1의 원단에 대고 마카로 그림을 옮겨 그린다.(21쪽 참고)
3. 펀치니들에 실을 두 가닥 끼운 후, 니들의 앞코로 실을 1cm 정도 빼주고, 니들 길이는 B단계에 맞춘다.(19쪽 참고)
4. 2의 도안이 완성되면, 먼저 강아지의 눈, 코, 입(눈과 코는 바비울사 41번, 입은 바비울사 2번)을 펀칭해준다.
5. 4의 눈, 코, 입이 완성되면 나머지 부분의 도안의 라인을 먼저 펀칭하고 면을 채워준다.

   *펀칭하는 순서는 강아지의 목줄(바비울사 41번) ⇨ 나머지 부분(바비울사 15번)을 채워주는 순서로 한다.
6. 펀칭이 끝났으면, 마무리 본딩 작업으로 작업물의 뒷면에 라텍스 본드를 헤라나 롤러로 얇게 펴 발라준(28쪽 참고) 후, 30초~1분 정도 기다린다.

7 6에 작업물 크기에 맞게 자른 펠트지를 붙인다. 이때 펠트지와 작업물이 잘 붙게 손바닥으로 꼼꼼하게 문질러준다.(29쪽 참고)

8 7의 본딩을 마친 작업물을 건조시킨다.(자연 건조 1시간, 선풍기나 드라이어 15분)

9 8의 건조된 작업물을 틀에서 분리시켜 패치워크가위로 모양에 맞게 잘라준다.(29쪽 참고)

10 9의 작업물을 자수실을 이용해 블랭킷 스티치로 마감한다.(30~31쪽 참고)

11 10의 작업물 앞면의 루프 파일을 패치워크가위로 끊어 커트 파일로 만든 후, 커브날개가위로 표면을 정리한다.

12 11의 작업물을 커브가위나 패치워크가위의 끝을 연필 잡듯이 세워 가위 날 끝으로 강아지 얼굴의 눈, 코, 입의 경계를 섬하게 정리해준다.

*외곽의 곡선 부분에서 꼬리와 몸통 사이, 다리와 몸통이 이어지는 모서리 부분들을 잘 다듬어준다.
**커브날개가위로 가장자리 모양을 다듬어주고, 표면을 쓰다듬듯이 각 모서리 부분들을 다시 다듬어준다.

13 마지막으로 12의 작업물의 실 먼지를 털고 작품을 마무리하면 완성.

11

오직 나를 위한 비정형 미니러그

추상적인 도안으로 만든 미니러그예요.
도안을 조금 변형해서
나만의 미니러그를 만들어보는 것도 좋아요.
세상에 하나밖에 없는 소품이 될 거예요.

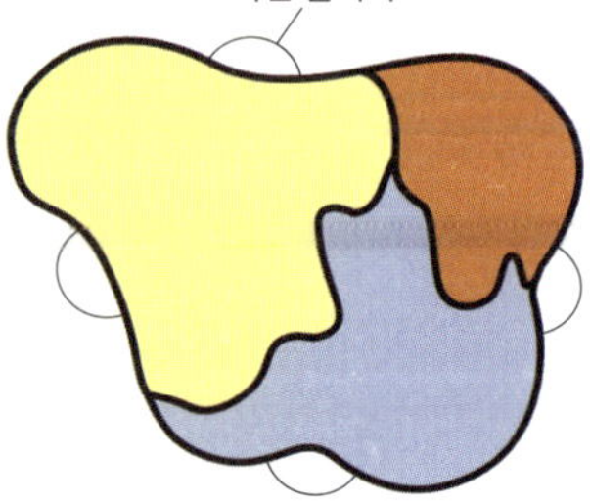

비정형 ①

비정형 미니러그 만드는 법

비정형의 추상적인 도안으로
만든 미니러그입니다.
책에 나오는 컬러 외에
내가 좋아하는 컬러를 믹스해서
만들어도 좋습니다.

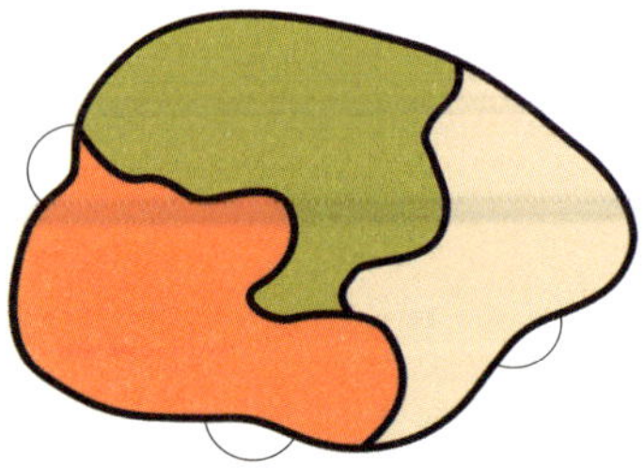

비정형 ②

비정형 ① 실	비정형 ② 실	니들	펀칭 간격	POINT
바비울사 6번, 바비울사 8번, 바비울사 27번	바비울사 4번, 바비울사 20번, 헤라울사 46번	원통형 니들 (SKC 단계 조절 니들)	3칸 간격으로 펀칭하기	손이 가는 대로 형태를 그려보고 컬러를 배색해 보세요!

1. 원단을 씌운 수틀을 준비한다.
2. 비정형 미니러그의 도안본을 1의 원단에 대고 마카로 그림을 옮겨 그린다.(21쪽 참고)
3. 펀치니들에 실을 두 가닥 끼운 후, 니들의 앞코로 실을 1cm 정도 빼주고, 니들 길이는 B단계에 맞춘다.(19쪽 참고)
4. 2의 도안이 완성되면, 먼저 도안의 라인을 펀칭한다.
5. 4의 라인 펀칭이 끝나면 라인 컬러로 면을 채운다. 나머지 부분도 동일하게 작업한다.
6. 펀칭이 끝났으면, 마무리 본딩 작업으로 작업물의 뒷면에 라텍스 본드를 헤라나 롤러로 얇게 펴 발라준(28쪽 참고) 후, 30초~1분 정도 기다린다.

7 6에 작업물 크기에 맞게 새로 펠트지를 붙인다. 이때 펠트지와 작업물이 잘 붙게 손바닥으로 꼼꼼하게 문질러준다.(29쪽 참고)

8 7의 본딩을 마친 작업물을 건조시킨다.(자연 건조 1시간, 선풍기나 드라이어 15분)

9 8의 건조된 작업물을 틀에서 분리시켜 패치워크가위로 모양에 맞게 잘라준다.(29쪽 참고)

10 9의 작업물을 자수실을 이용해 블랭킷 스티치로 마감한다.(30~31쪽 참고)

11 10의 작업물 앞면의 루프 파일을 패치워크가위로 끊어 커트 파일로 만든 후, 커브날개가위로 표면을 정리한다.

12 11의 작업물 외곽의 곡선과 곡선 사이 모서리 부분을 잘 다듬어준다.

*커브날개가위로 가장자리 모양을 다듬어주고, 표면을 쓰다듬듯이 각 모서리 부분들을 다시 다듬어준다.

13 마지막으로 12의 작업물의 실 먼지를 털고 작품을 마무리하면 완성.

12

몽글몽글 구름거울 프레임

하늘의 구름을 담은 거울 프레임이에요.
몽글몽글한 느낌이 구름과 정말 잘 어울립니다.
특별한 프레임을 가진 거울로 하루를 시작하면
무척 설레는 날이 될 거 같아요.
마치 구름 속에 있는 것처럼요.

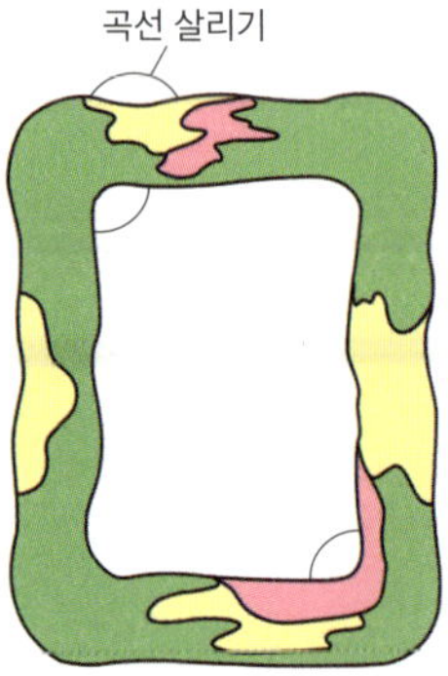

구름거울 프레임 만드는 법

몽글몽글한 느낌의 거울 프레임입니다.
책에 나오는 컬러 외에
내가 좋아하는 컬러를 믹스해서
만들어도 좋습니다.

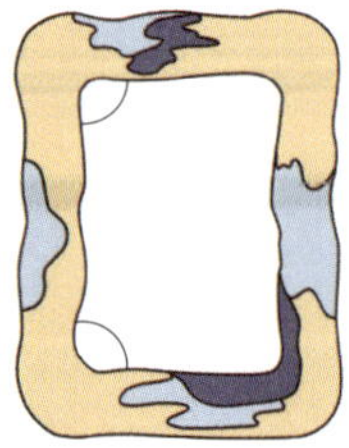

미니거울 실			큰 거울 실			니들	펀칭 간격	POINT
바비울사 4번	바비울사 8번	바비울사 45번	바비울사 6번	바비울사 25번	바비울사 17번	원통형 니들 (SKC 단계 조절 니들)	3칸 간격으로 펀칭하기	자유롭게 배색해서 만들어보세요!

---

1. 원단을 씌운 수틀을 준비한다.

2. 원단에 거울을 대고 거울 크기를 표시한 후 기화성 수성펜 혹은 마카로 거울 프레임 도안을 그려준다.

   *거울 크기를 표시한 스케치를 기준으로 안쪽으로 1.5cm, 거울 바깥쪽으로 2.5cm 정도 크기의 프레임 도안을 그린다.
   **거울 프레임은 거울의 크기에 따라 도안이 달라져야 하므로 도안을 그릴 때 거울 크기를 먼저 도안에 표시한 후 도안 작업을 하는 것이 좋다.

3. 펀치니들에 실을 두 가닥 끼운 후, 니들 앞코의 실을 1cm정도 빼주고, 니들 길이는 B단계에 맞추어 펀칭한다.(19쪽 참고)

4. 2의 도안의 외곽 라인을 먼저 펀칭한 후, 분할된 면의 라인을 펀칭한다.

5. 4의 라인 펀칭이 끝나면 면을 채우는 펀칭을 한다. *작은 면부터 채워주는 것이 좋다.

6. 5의 펀칭이 완료되면 펀칭된 프레임에 라텍스 본드를 헤라나 롤러로 얇게 펴 바르고 건조시킨다.(자연건조 1시간, 드라이기 15분)

   *프레임 안쪽이 시접으로 접혀 들어가기 때문에 안쪽 2cm 정도까지 고무액을 바른다 고무액이 앞쪽으로 스며나오지 않도록 양을 조절한다.

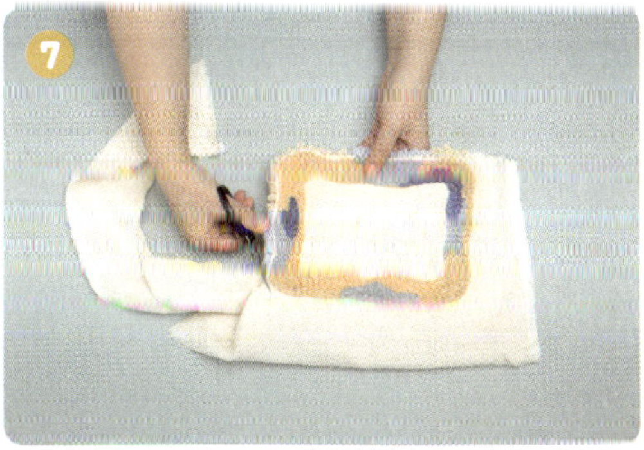

6이 건조되면, 작업물을 틀에서 분리시켜 크기에 맞게 잘라준다.

거울이 붙을 안쪽의 천도 잘라내는데, 시접 부분을 1cm 정도 남기고 잘라낸다.

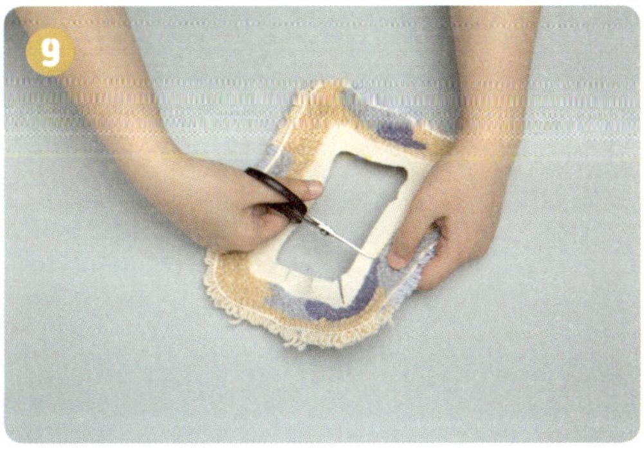

8의 시접 부분에 가위집을 내어준다. 곡선 부분의 안쪽 시접을 넣을 수 있도록 시접 부분에 2cm 간격으로 가위집을 내준다.

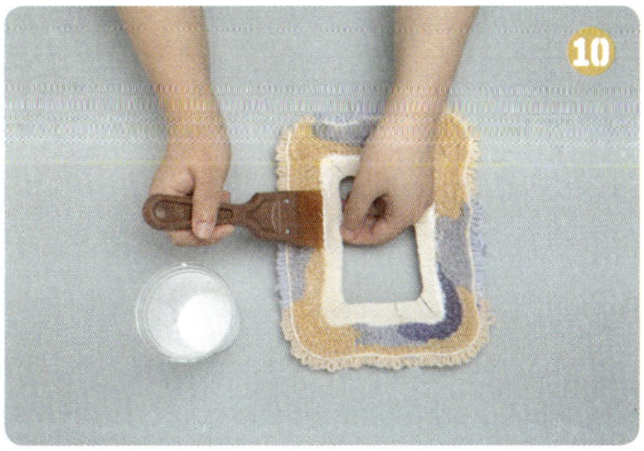

9의 시접 부분과 거울 프레임 안쪽 2cm 정도까지 라텍스 본드를 발라준다. 이때 라텍스 본드액이 원단 앞쪽으로 배어 나오지 않도록 양 조절에 주의한다.

10의 시접 부분을 프레임 안쪽으로 접어서 붙인다. 시접이 프레임에 잘 붙을 수 있게 꼼꼼하게 붙인다.

11의 작업물 앞면의 루프 파일을 패치워크 가위로 끊어 커트 파일로 만들어준다.

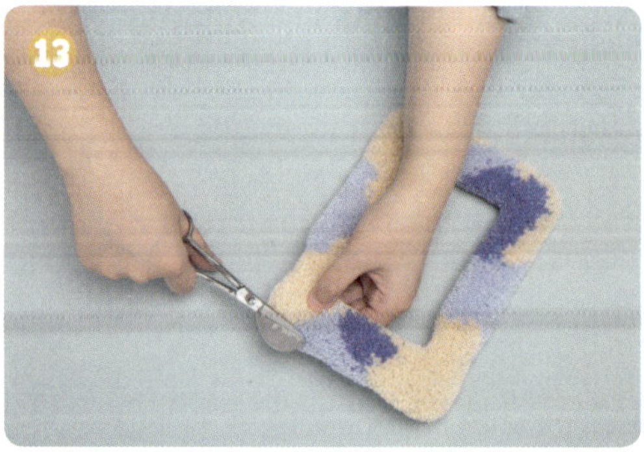

12의 작업물을 커브가위로 표면을 정리한다.

*외곽의 곡선과 곡선 사이 모서리 부분을 신경 써서 다듬어 준다.

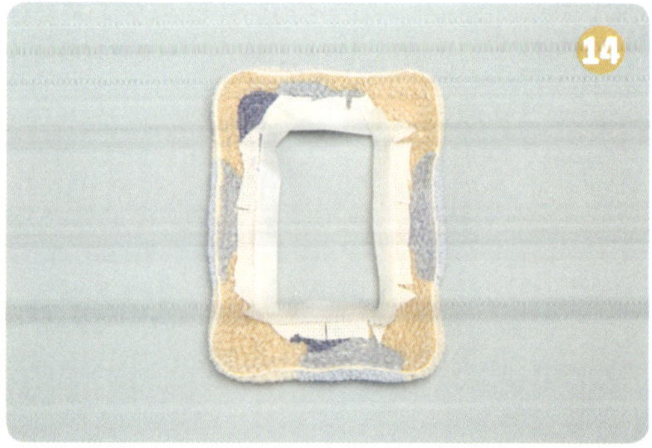

13의 작업물이 완료되면 뒤집어 뒷면의 시접 부분 위쪽에 마스킹 테이프를 붙인다.

*거울을 프레임에 붙이기 위해 스프레이 본드를 사용하는데, 시접 부분에 본드가 묻으면 안 되기 때문에 이 작업이 꼭 필요하다.

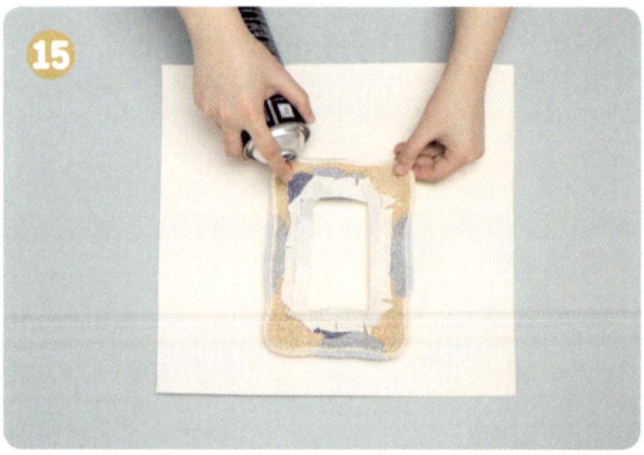

14의 작업물에 거울을 붙일 위치를 잡고 스프레이 본드를 시접 부분 위주로 뿌린 후, 본드액의 기포가 가라앉고 불투명해지기를 기다린다(30초 정도).

*스프레이 본드는 자수시장용으로 붙이는 것이 고정력이 좀 더 좋으며, 스프레이 본드 작업을 할 때는 반드시 작업물 밑에 종이를 깔고 한다.

15의 작업물의 본드액이 불투명해지면, 프레임 안쪽에 마스킹 테이프를 제거한다.

16의 작업물의 본드액이 발라진 위에 거울을 붙인다.

17의 거울을 붙인 작업물의 거울 뒷면과 작업물의 가장자리 부분 전체에 스프레이 본드를 뿌린다.

*스프레이 본드를 뿌린 후 잠시 기포가 가라앉고 불투명해지기를 기다린다(30초 정도).

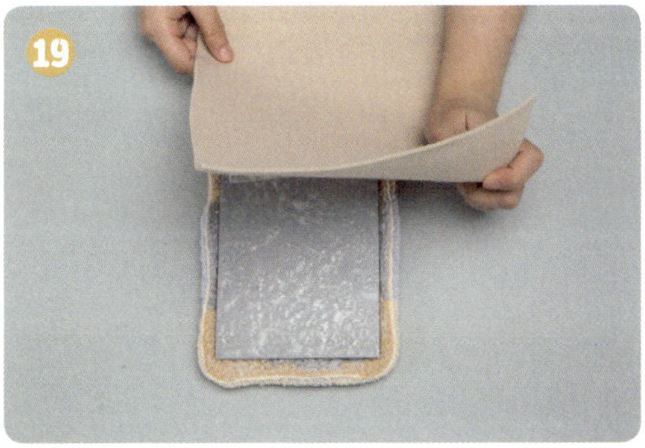

18의 작업물에 펠트지를 꼼꼼하게 손바닥으로 문질러 붙여준 후, 건조시킨다.

*거울을 뒤집어서 프레임 안쪽도 꼼꼼하게 눌러 붙여주거나, 건조시킬 때 거울 뒷면에 무거운 책이나 물건을 올려두면 더 잘 붙는다.

19의 작업물이 건조되었다면 거울 프레임에 맞춰 펠트지를 잘라준다.

21 자수실을 이용해 20의 작업물을 블랭킷 스티치로 마감한다.(30~31쪽 참고)

22 21의 작업물 뒷면에 바느질로 고리를 만들어도 되고, 삼각고리 등의 부자재를 이용해 벽에 걸 수 있게 만든다.

23 마지막으로 작업물의 실 먼지를 털고 작품을 마무리하면 완성.

13

레몬과 화병이 있는 쿠션

어떤 화가의 그림처럼 레몬과
화병이 있는 모습을 쿠션에 옮겨놓았어요.
거실이나 방에 놓아두면 쿠션이지만
마치 작품처럼 느껴지는 소품입니다.

레몬과 화병 쿠션 만드는 법

레몬과 화병 쿠션입니다.
평소에 좋아하는 물건들을 활용해서
도안을 만들어보세요. 특별한 소품이 됩니다.

실	니들	펀칭 간격	POINT
바비울사 2번, 바비울사 8번, 바비울사 23번, 바비울사 25번, 바비울사 31번, 바비울사 32번, 헤라울사 45번	원통형 니들 (SKC 단계 조절 니들)	3칸 간격으로 펀칭하기	정물을 펀칭할 때, 부분적으로 음영을 살짝 넣어주면 입체감이 더 해지지요. 또한, 마무리 디테일 정리를 꼼꼼하게 해야 그림이 뭉개져 보이지 않아요!

1. 원단을 씌운 수틀을 준비한다.

2. 기화성 수성펜 혹은 마카로 원단에 39×39cm 크기의 정사각형을 그린다.

   *펀칭 작업을 할 원단이 그대로 쿠션 커버 앞부분이 된다.
   **책에 나오는 쿠션은 35×35cm 크기의 솜을 사용해서 쿠션솜의 볼륨과 상하좌우 시접을 고려해 넉넉한 사이즈로 작업했다. 쿠션솜보다 3~4cm 큰 크기로 도안을 잡는 것이 좋다.

3. 2의 사각형 안에 사방의 시접을 고려해 36×36cm의 정사각형을 다시 그린다.

   *이 사각형 라인이 봉제선이 된다.

4. 3의 사각형 안에 도안 그림을 옮긴다.

   *원단 뒷면에 도안을 붙여 창문의 빛이나 스마트폰의 플래시를 이용해 도안을 그려도 된다.

5 펀치니들에 실을 두 가닥 끼운 후, 니들 앞코의 실을 1cm 정도 빼주고, 니들 길이는 B단계에 맞추어 펀칭한다.(19쪽 참고)

6 4의 도안의 라인을 5의 펀치니들로 펀칭한다.

*레몬-바비울사 31, 32번, 화병1-바비울사 23번, 화병2-바비울사 25번, 레몬그릇-바비울사 8번, 화병 사이 라인과 레몬과 그릇 사이 라인- 바비울사 2번, 아래 배경-헤라울사 45번.

7 6의 라인 펀칭이 끝나면 면을 채워준다. 나머지 부분도 동일하게 작업한다.

8 펀칭이 모두 끝났으면, 7의 작업물에 라텍스 본드를 발라 본딩 작업(28쪽 참고)을 한다.

9 8의 본딩을 마친 작업물을 건조시킨다.(자연 건조 1시간, 선풍기나 드라이어 15분)

10 9의 건조된 작업물을 틀에서 분리시켜 패치워크가위로 모양에 맞게 잘라준다.(29쪽 참고)

*몽스 원단은 올이 잘 풀리기 때문에 바깥쪽 외곽 사각형의 시접 라인에 마스킹 테이프를 붙여주는 게 좋다.

11 패치워크가위로 10의 작업물의 루프 파일을 끊어 커트 파일로 만들어준다.

12 11의 작업물을 커브가위를 이용해 표면을 정리한다.

*화병의 외곽 형태와 손잡이 부분의 디테일을 잘 살려주는 것이 중요하고, 레몬과 레몬 사이 모서리 부분을 신경 써서 다듬어준다.
**가위 날을 연필처럼 세워 바닥 부분과 화병, 레몬 보울이 만나는 경계를 찾아준다.

13 커브날개가위로 12의 작업물의 표면을 쓰다듬듯이 다듬고, 각 모서리 부분들을 다시 한 번 다듬어준다.

14 3에서 그렸던 안쪽 사각형 봉제선 라인을 따라 재봉틀이나 손바느질로 바느질한다.

*바느질하는 것이 어려우면 세탁소나 수선집에 맡겨도 된다.

15 마지막으로 14의 작품의 실 먼지를 털고 쿠션 솜을 넣어주면 완성.

14

추상화가 숨 쉬는 쿠션

나만의 상상력을 더해
화려한 쿠션을 만들었어요.
나의 공간을 꾸며줄
멋진 소품이 될 것 같아요.

추상화 쿠션 만드는 법

추상화를 그려놓은 듯
개성이 느껴지는 쿠션입니다.

실					니들	펀칭 간격	POINT
바비울사 17번	바비울사 25번	바비울사 41번	바비울사 45번	헤라울사 17번	원통형 니들 (SKC 단계 조절 니들)	3칸 간격으로 펀칭하기	비정형 포인트의 크기와 형태를 다양하게 해 재미를 더해보세요!

1. 원단을 씌운 수틀을 준비한다.

2. 기화성 수성펜 혹은 마카로 원단에 39×39cm 크기의 정사각형을 그린다.

   *펀칭 작업을 할 원단이 그대로 쿠션 커버 앞부분이 된다.
   **책의 쿠션은 35×35cm 크기의 솜을 사용해서 쿠션솜의 볼륨과 상하좌우 시접을 고려해 넉넉한 사이즈로 작업했다. 쿠션솜보다 3~4cm 큰 크기로 도안을 잡는 것이 좋다.

3. 2의 사각형 안에 사방의 시접을 고려해 36×36cm의 정사각형을 다시 그린다.

   *이 사각형 라인이 봉제선이 된다.

4. 3의 사각형 안에 도안 그림을 옮긴다.

   *원단 뒷면에 도안을 붙여 창문의 빛이나 스마트폰의 플래시를 이용해 도안을 그려도 된다.

5. 펀치니들에 실을 두 가닥 끼운 후, 니들 앞코의 실을 1cm정도 빼주고, 니들 길이는 B단계에 맞추어 펀칭한다.(19쪽 참고)

6. 4의 도안의 라인을 5의 뒤집니부터 펀칭한다.

7. 6의 라인 펀칭이 끝나면 면을 채워준다.

*펀칭으로 전면을 다 채우는 것이 아니기 때문에 나중에 펀칭이 끝나면 펀칭면 쪽만 볼록하게 나올 수 있다. 그러므로 다른 작업보다 펀칭 간격을 늘려 작업하는 것이 좋다.

8. 펀칭이 끝났으면, 7의 작업물에 라텍스 본드를 발라 본딩 작업(28쪽 참고)을 한다.

9. 8의 본딩을 마친 작업물을 건조시킨다.(자연 건조 1시간, 선풍기나 드라이어 15분)

10. 9의 건조된 작업물을 틀에서 분리시켜 크기에 맞게 잘라준다.

*몽스 원단은 올이 잘 풀리기 때문에 바깥쪽 외곽 사각형의 시접 라인에 마스킹 테이프를 붙여주는 게 좋다.

11. 패치워크가위로 10의 작업물의 루프 파일을 끊어 커트 파일로 만들어준다.

12. 11의 작업물을 커브가위로 표면을 정리한다.

*외곽의 곡선과 곡선 사이 모서리 부분을 신경 써서 다듬어준다.

13. 커브날개가위로 12의 작업물 표면을 쓰다듬듯이 다듬고, 각 모서리 부분들을 다시 한 번 다듬어준다.

14. 3에서 그렸던 안쪽 사각형 봉제선 라인을 따라 재봉틀이나 손바느질로 바느질한다.

*바느질하는 것이 어려우면 세탁소나 수선집에 맡겨도 된다.

15. 마지막으로 14의 작품의 실 먼지를 털고 쿠션솜을 넣어주면 완성.

15

개성 만점
드로잉 쿠션

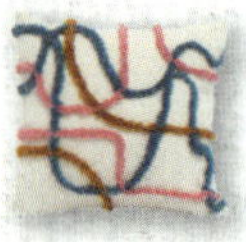

라인만 펀칭해서 만든 드로잉 쿠션이에요.
추상적인 느낌으로 라인만 완성했지만,
정물이든 캐릭터든 드로잉만으로 만들어도 멋스러워요.
터프팅 기법의 펀치니들 작품은
실들이 촘촘하게 펀칭되어 있어서
라인만 있어도 그림이 풍성해보인답니다.

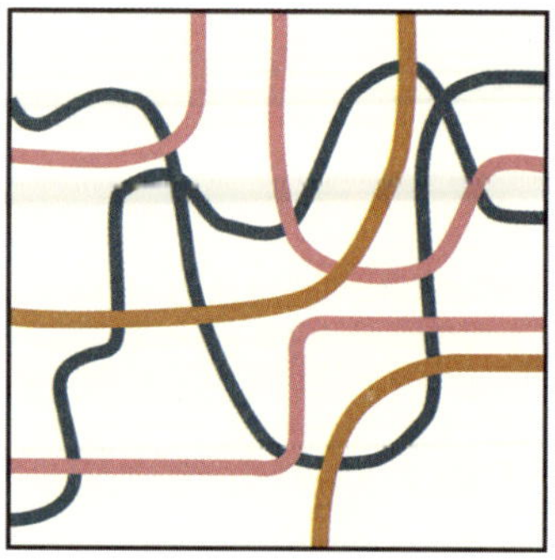

드로잉 쿠션 만드는 법

추상적인 드로잉이지만
구상적인 도안으로 작품을 만들어도
또 다른 느낌의 작품이 완성됩니다.

실			니들	펀칭 간격	POINT
					라인 두께는 한 줄이나 두 줄로 펀칭하는 것이 좋아요.
바비울사 13번	바비울사 18번	바비울사 27번	원통형 니들 (SKC 단계 조절 니들)	3칸 간격으로 펀칭하기	

1. 원단을 씌운 수틀을 준비한다.

2. 기화성 수성펜 혹은 마카로 원단에 39×39cm 크기의 정사각형을 그린다.

   *펀칭 작업을 할 원단이 그대로 쿠션 커버 앞부분이 된다.
   **책의 쿠션은 35×35cm 크기의 솜을 사용해서 쿠션솜의 볼륨과 상하좌우 시접을 고려해 넉넉한 사이즈로 작업했다. 쿠션솜보다 3~4cm 큰 크기로 도안을 잡는 것이 좋다.

3. 2의 사각형 안에 사방의 시접을 고려해 36×36cm의 정사각형을 다시 그린다.

   *이 사각형 라인이 봉제선이 된다.

4. 3의 사각형 안에 도안 그림을 옮긴다.

   *원단 뒷면에 도안을 붙여 창문의 빛이나 스마트폰의 플래시를 이용해 도안을 그려도 된다.

5. 펀치니들에 실을 두 가닥 끼운 후, 니들 앞코의 실을 1cm정도 빼주고, 니들 길이는 B단계에 맞추어 펀칭한다.(19쪽 참고)

6. 4의 도안 라인을 5의 펀치니들로 펀칭한다.

7. 펀칭이 끝났으면, 6의 작업물에 라텍스 본드를 발라 본딩 작업(28쪽 참고)을 한다.

*얇은 라인을 본딩할 때는 헤라 끝으로 고무액을 찍어 바르는 것이 양을 조절하기 좋다.

8. 7의 본딩을 마친 작업물을 건조시킨다.(자연 건조 1시간, 선풍기나 드라이어 15분)

9. 8의 건조된 작업물을 틀에서 분리시켜 크기에 맞게 잘라준다.

*몽스 원단은 올이 잘 풀리기 때문에 바깥쪽 외곽 사각형의 시접 라인에 마스킹 테이프를 붙여주는 게 좋다.

10. 패치워크가위로 9의 작업물의 루프 파일을 끊어 커트 파일로 만들어준다.

11. 10의 작업물을 커브가위로 표면을 정리한다.

12. 커브날개가위로 11의 작업물 표면을 쓰다듬듯이 다듬고, 각 모서리 부분들을 다시 한 번 다듬어준다.

13. 3에서 그렸던 안쪽 사각형 봉제선 라인을 따라 재봉틀이나 손바느질로 바느질한다.

*바느질하는 것이 어려우면 세탁소나 수선집에 맡겨도 된다.

14. 마지막으로 13의 작품의 실 먼지를 털고 쿠션솜을 넣어주면 완성.

16

작고 귀여운 키링

오너먼트 활용 ①

작고 귀여운 오너먼트는 만들기도 수월하고
인테리어 소품처럼 활용할 수 있어 좋아요.
좋아하는 젤리빈이나 하트 모양 등을 응용해서
작은 오너먼트를 키링으로 만들었어요.
어디서나 눈에 잘 띄어서 잃어버리지
않을 것 같아요.

키링 만드는 법

다양한 컬러를 조합해서 만든
젤리빈과 하트 모양의 키링입니다.
책에 소개된 컬러 말고도
다양하게 응용해서 만들어보세요.

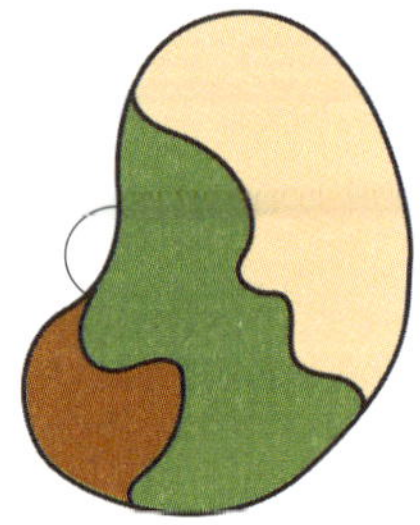

실	니들	펀칭 간격	POINT
다양한 컬러를 자유롭게 조합해서 만들어보세요.	 원통형 니들 (SKC 단계 조절 니들)	3칸 간격으로 펀칭하기	과감한 컬러 조합의 작업이 조심스럽다면, 먼저 작은 면적의 키링 만들기를 시도해보세요! 오너먼트처럼 작은 작품들은 표면을 볼록하게 다듬어주면 훨씬 귀엽고 예쁩니다.

1. 원단을 씌운 수틀을 준비한다.
2. 하트 오너먼트 도안본을 1의 원단에 대고 기화성 수성펜으로 그림을 옮겨 그린다. (21쪽 참고)
3. 펀치니들에 실을 두 가닥 끼운 후, 니들 앞코의 실을 1cm 정도 빼주고 니들 길이는 B단계에 맞춘다.(19쪽 참고)
4. 2의 원단에 완성된 도안의 라인을 먼저 펀칭한다.
5. 4의 밑그림의 라인이 펀칭으로 완성되면 면을 채운다.

   *펀칭하면서 다른 실로 바꿀 때는 원단에서 최대한 가깝게 해서 실을 잘라준다.
6. 펀칭이 끝났으면, 마무리 본딩 작업으로 작업물의 뒷면에 라텍스 본드를 헤라나 롤러로 얇게 펴 발라준(28쪽 참고) 후, 30초~1분 정도 기다린다.

7 6에 작업물 크기에 맞게 자른 펠트지를 붙인다. 이때 펠트지와 실밥들이 잘 붙게 손바닥으로 꼼꼼하게 문질러준다.(29쪽 참고)

8 7의 본딩을 마친 작업물을 건조시킨다.(자연 건조 1시간, 선풍기나 드라이어 15분)

9 8의 건조된 작업물을 틀에서 분리시켜 패치워크가위로 모양에 맞게 잘라준다.(29쪽 참고)

10 9의 작업물을 사수실을 이용해 블랭킷 스티치로 마감한다.(30~31쪽 참고)

11 10의 작업물 앞면의 루프 파일을 패치워크가위로 끊어 커트 파일로 만든 후, 커브날개가위로 표면을 정리한다.(32~33쪽 참고)

*커브날개가위로 가장자리 모양을 다듬어주며 형태를 잡아줍니다.
**오너먼트처럼 작은 작품은 표면을 볼록하게 만들면 더 효과적입니다.

12 마지막으로 11의 작업물의 실 먼지를 털고 작품을 마무리하면 완성.

17

조약돌 마그넷

오너먼트 활용 ②

이번에는 오너먼트를 마그넷으로 활용해봤어요.

작고 귀여운 조약돌처럼 보일 수 있게 컬러를 조합했더니

진짜 조약돌처럼 보여요!

냉장고나 사무실 철제 파티션 등에 붙이면 멋질 거 같아요.

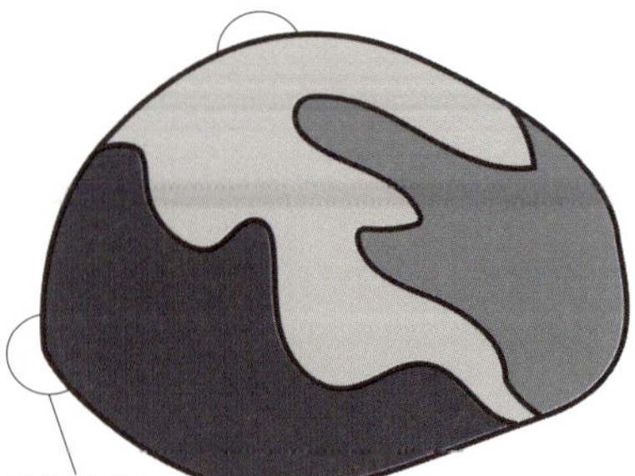

곡선 살리기

마그넷 만드는 법

똑같은 냉장고가 개성 있는
냉장고가 되는 마법!
바로 조약돌 마그넷이에요.

실	니들	펀칭 간격	POINT
다양한 컬러를 조합해서 만들어보세요.	원통형 니들 (SKC 단계 조절 니들)	3칸 간격으로 펀칭하기	마그넷 역시 카빙할 때 약간 볼록하게 카빙을 하면 더 귀엽게 연출할 수 있어요! 작품 만드는 재료 외에 마그넷만 준비하면 돼요!

1. 원단을 씌운 수틀을 준비한다.
2. 조약돌 오너먼트 도안본을 1의 원단에 대고 기화성 수성펜으로 그림을 옮겨 그린다. (21쪽 참고)
3. 펀치니들에 실을 두 가닥 끼운 후, 니들 앞코의 실을 1cm 정도 빼주고 니들 길이는 B단계에 맞춘다.(19쪽 참고)
4. 2의 원단에 완성된 도안의 라인을 먼저 펀칭한다.
5. 4의 밑그림의 라인이 펀칭으로 완성되면 면을 채운다.

   *펀칭하면서 다른 실로 바꿀 때는 원단에서 최대한 가깝게 해서 실을 잘라준다.
6. 펀칭이 끝났으면, 마무리 본딩 작업으로 작업물의 뒷면에 라텍스 본드를 헤라나 롤러로 얇게 펴 발라준(28쪽 참고) 후, 30초~1분 정도 기다린다.

7. 6의 마르된 작업물을 틀에서 분리시켜 패치워크가위로 준비한 마그넷 크기에 맞게 잘라 준다.

8. 7의 작업물 앞면의 루프 파일을 패치워크가위로 끊어 커트 파일로 만든 후, 커브날개가위로 표면을 정리한다.(32~33쪽 참고)

9. 8의 작업물의 실 먼지를 털고 작품을 마무리한다.

10. 9의 작업업물의 밑면에 본드를 발라 마그넷에 붙인다.

*마그넷에 붙이는 작업물은 펠트지를 붙인 후 블랭킷 스티치로 마감하지 않고, 마그넷에 스프레이 본드나 목공용 본드, 글루건, 순간접착제를 이용해 붙이면 된다. 만약 마그넷을 보이지 않게 하고 싶다면, 작업물에 펠트지를 붙여서 그 안에 마그넷을 붙이는 방법이 있다. 이때 마그넷에 본드를 얇게 펴 바른 후, 작업물에 붙여 펠트지를 붙이면 깔끔한 조약돌 마그넷이 된다.

18

꾸안꾸 그립톡

오너먼트 활용 ③

오너먼트 활용법의 3번째는 바로 누구나 가지고 있는

휴대폰에 붙일 수 있는 그립톡이에요.

시중에서 파는 그런 그립톡이 아닌 내가 만든

나만의 분위기를 물씬 느끼게 해주는 작은 소품이 됩니다.

꾸미지 않은 듯 꾸민 것처럼 나의 휴대폰을 꾸며보세요.

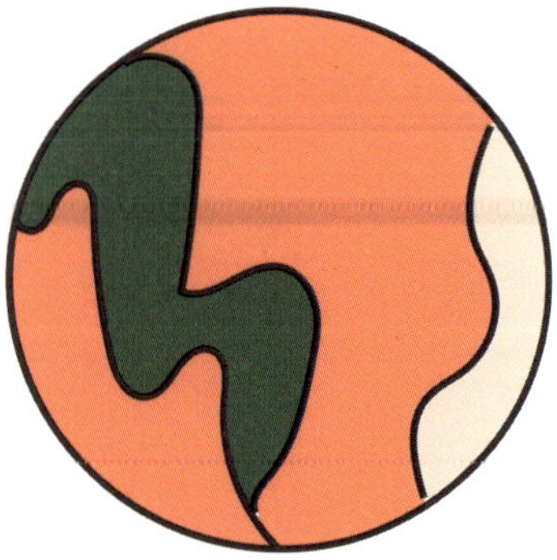

그립톡 만드는 법

간단하면서도 정말 작은 소품이지만,
일상 속의 포인트가 될 수 있어요.

실	니들	펀칭 간격	POINT
다양한 컬러를 조합해서 만들어 보세요.	 원통형 니들 (SKC 단계 조절 니들)	3칸 간격으로 펀칭하기	휴대폰과 케이스 컬러와 조화롭게 컬러를 구성해보세요! 작품 만드는 재료 외에 그립톡 부자재를 준비하세요!

1. 원단을 씌운 수틀을 준비한다.
2. 그립톡 도안본을 1의 원단에 대고 기화성 수성펜으로 그림을 옮겨 그린다.(21쪽 참고)
3. 펀치니들에 실을 두 가닥 끼운 후, 니들 앞코의 실을 1cm 정도 빼주고 니들 길이는 B단계에 맞춘다.(19쪽 참고)
4. 2의 원단에 완성된 도안의 라인을 먼저 펀칭한다.
5. 4의 밑그림의 라인이 펀칭으로 완성되면 면을 채운다.

   *펀칭하면서 다른 실로 바꿀 때는 원단에서 최대한 가깝게 해서 실을 잘라준다.
6. 펀칭이 끝났으면, 마무리 본딩 작업으로 작업물의 뒷면에 라텍스 본드를 헤라나 롤러로 얇게 펴 발라준(28쪽 참고) 후, 30초~1분 정도 기다린다.

7. 6의 작업물의 가장자리를 틀에서 분리시켜 패브릭가위로 그립톡 부자재 크기에 맞게 잘라 준다.

8. 7의 작업물 앞면의 루프 파일을 패브릭가위로 끊어 커트 파일로 만든 후, 커브날가위로 표면을 정리한다.(32~33쪽 참고)

9. 8의 작업물의 실 먼지를 털고 작품을 마무리한다.

10. 9의 작업물의 밑면에 본드를 발라 그립톡 부자재에 붙인다.

*그립톡에 붙이는 작업물은 펠트지를 붙인 후 블랭킷 스티치로 마감하지 않고, 그립톡 부자재에 스프레이 본드나 목공용 본드, 글루건, 순간접착제를 이용해 붙이면 된다.

19

크리스마스 오너먼트

오너먼트 활용 ④

이제 오너먼트가 제대로 활용될 수 있는 시즌이에요.
크리스마스를 위한 오너먼트를 만들어봐요.
여러 가지 컬러를 과감하게 섞어 만들면 더욱 예쁘답니다.
크리스마스 오너먼트 하면 떠오르는 지팡이부터
하트까지 여러 가지 모양으로 만들어보세요.
크리스마스트리를 장식해도 좋지만,
오너먼트들만 모아서 가렌다로 만들어도 좋아요.

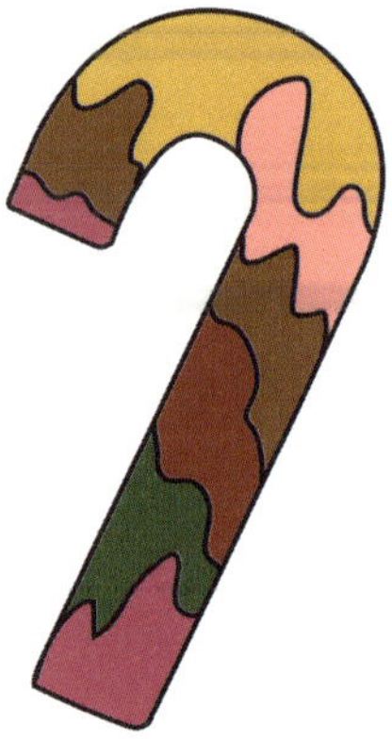

크리스마스 오너먼트 만드는 법

앞에서 소개한 미니러그를
오너먼트와 함께 응용해보세요.
트리 모양의 미니러그를 만들어 함께 연출하면
크리스마스 분위기가 더욱 깊어질 거예요.

실	니들	펀칭 간격	POINT
다양한 컬러를 자유롭게 조합해서 만들어 보세요.	 원통형 니들 (SKC 단계 조절 니들)	3칸 간격으로 펀칭하기	크리스마스와 어울리는 컬러를 과감하게 사용해보세요!

1. 원단을 씌운 수틀을 준비한다.
2. 지팡이 도안본을 1의 원단에 대고 기화성 수성펜으로 그림을 옮겨 그린다.(21쪽 참고)
3. 펀치니들에 실을 두 가닥 끼운 후, 니들 앞코의 실을 1cm 정도 빼주고 니들 길이는 B단계에 맞춘다.(19쪽 참고)
4. 2의 원단에 완성된 도안의 라인을 먼저 펀칭한다.
5. 4의 밑그림의 라인이 펀칭으로 완성되면 면을 채운다.

   *펀칭하면서 다른 실로 바꿀 때는 원단에서 최대한 가깝게 해서 실을 잘라준다.

6. 펀칭이 끝났으면, 마무리 본딩 작업으로 작업물의 뒷면에 라텍스 본드를 헤라나 롤러로 얇게 펴 발라준(28쪽 참고) 후, 30초~1분 정도 기다린다.

7 6의 작업물 크기에 맞게 자른 펠트지를 붙인다. 이때 펠트지와 작업물이 잘 붙게 손바닥으로 꼼꼼하게 문질러준다.(29쪽 참고)

8 7의 본딩을 마친 작업물을 건조시킨다.(자연 건조 1시간, 선풍기나 드라이어 15분)

9 8의 건조된 작업물을 틀에서 분리시켜 패치워크가위로 모양에 맞게 잘라준다.(29쪽 참고)

10 9의 작업물을 자수실을 이용해 블랭킷 스티치로 마감한다.(30~31쪽 참고)

*작업물을 걸 수 있게 자수실로 고리를 만들면 좋다.

11 10의 작업물의 앞면의 루프 파일을 패치워크가위로 끊어 커트 파일로 만든 후, 커브날개가위로 표면을 정리한다.

*커브날개가위로 가장자리 모양을 다듬어주며 형태를 잡아준다.

12 마지막으로 11의 작업물의 실 먼지를 털고 작품을 마무리하면 완성.

보들보들
터프팅 클래스를 위한

재료 판매처

실

오프라인

동대문 종합시장 B1 A동: a-43한일모사, a-60 장미모사, a-144 좋은실 등

제가 주로 이용하는 점포 위주로 소개해드려요. 직접 실의 원단을 느껴보고 어마무시하게 많은 실들을 구경하다 보면 정말 재미있습니다.

남대문 회현상가: 벽과공간(각종 실과 염료, 위빙도구 등 텍스타일 관련 재료 판매)

이곳은 주로 특수사들을 판매하는 곳이라 특이한 것들이 많아 구경하다 보면 금세 시간이 훌쩍 지나가버려요.

온라인

한일모사의 온라인 스토어: http://www.a-sill.com
장미모사의 온라인 스토어: roseyarn.co.kr

이외에도 바비울, 제일모직 헤라울 등을 포털사이트에서 검색하면 손쉽게 찾을 수 있으니 구입할 때 참고하세요. 아참 그리고 정확한 컬러를 구입하기 위해서는 컬러차트 확인과 띠지의 컬러넘버를 꼭 확인하세요!

펠트지

오프라인

동대문 종합시장 A동 5층: 5049호 태양이네

온라인

태양이네: http://www.etaeyang.com/
오즈펠트: http://www.ozfelt.co.kr/

책에 있는 소품들을 만들 때는 2mm펠트지 혹은 2.5mm 보풀방지 펠트지를 사면 돼요.

몽스 원단

슈지치바농: https://www.syuiichibanong.com/

[illegible]

그 외

오에이 크래프트(클립수틀, 단게조절니들, 소분 몽스원단 등을 구입할 수 있어요.)

https://smartstore.naver.com/oacraft

자수실은 dmc사의 면 자수실로, 컬러차트 확인 후 본인에게 맞는 실을 구입하면 됩니다.

그 외의 재료들은 포털사이트에서 검색하면 손쉽게 구입할 수 있어요.
ex) 기화성펜, 라텍스본드, 키링 부자재, dmc 자수실 등

키링부터 미니러그까지 펀치니들로 연출하는
마음에 위안을 주는 반려소품 28

보들보들 터프팅 클래스

초판 1쇄 인쇄 2022년 11월 5일
초판 1쇄 발행 2022년 11월 15일

지은이 어피스오브애플 권예지
펴낸이 송주영
펴낸곳 북센스
편 집 조윤정, 황혜리
사 진 이은솔
디자인 심심거리프레스

출판등록 2019년 6월 21일 제2021-000178호
주소 서울시 마포구 성산로2길 45, 4층
전화 02-3142-3044
팩스 0303-0956-3044
이메일 ibooksense@gmail.com
ISBN 979-11-91558-37-1 (13630)